《三苏祠丛书》序

在眉山市城区，有一处红墙围绕、绿树葱郁的园林，这就是闻名遐迩的三苏祠。此处是北宋大文豪苏洵、苏轼、苏辙父子的故居，是历代人民祭祀三苏父子的祠堂，更是当今眉山市的城市文化名片。

我从20世纪80年代起，就常来三苏祠，或参加学术会议，或参加文化活动，或为东坡诞辰，或向三苏献词，曾陪亲友学生参观，曾向国际友人讲解，跟三苏祠结下不解之缘。每次来到这里，都有一种亲切而庄严的朝圣心情，同时又因作为邻近三苏家乡的华阳人而感到特别自豪。同一条岷江水，贯串着我的家乡和眉山，化用东坡的诗来说："我家峨眉阴，与子同一邦。相望六十里，共饮玻璃江。"只要将此"六十里"换成"六十公里"，就是我家乡与眉山距离的写实。

然而，此前我给亲朋好友讲三苏，只能讲些历史故事，对于历代三苏祠的沿革修缮，匾额、楹联、碑刻的作者身份，撰写刊刻的来龙去脉，对于祠内古建筑的造型、园林的艺术风格以及博物馆内的各类文物收藏，都不甚了了，所以引导朋友游观，只能是走马观花，浮光掠影，感到非常遗憾。

当前，三苏祠博物馆贯彻落实眉山市"文化城、生态城、活力城"的城市发展战略，着力打造精品博物馆，为进一步继承弘扬三苏文化、提升眉山市文化品位和影响力贡献力量。馆领导组织工作人员群策群力，为了"将三苏祠的故事讲够、讲透、讲清"，将"三苏祠一草一木、园林、建筑、匾额、楹联、碑刻"等研究透彻，因而策划编写了一套《三苏祠丛书》，由熟悉精研博物馆业务的专业人员执笔完成。

三苏祠领导邀我把关，但在博物馆方面我是外行，不敢妄加评点。我教学科研工作很忙，无暇详细拜读，只是抽空看了部分关于匾额楹联赏析的书稿。该书稿有注释评点的赏析，有撰写背景的介绍，还有延伸阅读，匾额和楹联虽短短数字，但经作者全方位的搜集整理，说明介绍，增加了很多不为人知的故事，值得一读。此外，丛书中还有古今名人乡贤与三苏祠的故事，三苏祠碑刻收集、保存、新刊以及碑廊建设的故事，三苏祠园林的历史沿革、设计布局及其艺术风格的前世今生，还有适应游客需要的三苏祠陈列解说词，等等。这一系列内容丰富而资料翔实的故事，使我对三苏祠所蕴含的深厚历史文化内涵有了更深的体会。如果我今后再次陪同朋友参观三苏祠，定要事先了解这套丛书所讲的若干有趣的故事，这样便可更自豪地向朋友娓娓道来，细细解说，宣传这座名祠光荣的历史和今天。

近年来，四川省委宣传部在四川大学设立了苏轼研究中心，由我忝列中心的首席专家，我们的工作也得到眉山市委宣传部、三苏祠博物馆和三苏文化研究院的大力支持。我们中心的青年教师曾带领研究生参观三苏祠，受到热情接待和教育，对此我深表感谢。因此，当三苏祠的朋友嘱托我为丛书作序之时，深感义不容辞，欣然应允。我希望，眉山的朋友在讲好三苏祠的故事、讲好东坡的故事方面，成为全国苏轼学会各分会、各苏轼纪念馆的榜样；在书稿撰写方面，反复打磨，精益求精，做到语言优美，内容准确，知识性和可读性相结合，真正成为打造精品博物馆的标志性成果。

"一门父子三词客，千古文章四大家。"九百多年前，三苏父子从眉山走向中原，走向天下，走向世界，我希望今天三苏祠的故事，也能随着这套丛书走出四川，走向天下，走向世界。是为序。

华阳梦蝶居士周裕锴谨识于江安花园锅盖庵
2020年5月30日

目 录

006	前厅
016	飨殿
026	东西厢房
058	启贤堂
063	苏宅古井
065	并蒂丹荔
068	快雨亭
072	木假山堂
076	来凤轩
084	云屿楼
089	抱月亭
090	绿洲亭
091	披风榭
094	百坡亭
096	瑞莲亭

002 / 古祠遗韵

GU CI YI YUN

097 景观意趣 JING GUAN YI QU

- 098 消寒馆
- 099 洗砚池
- 100 八娘伴母
- 103 船坞
- 104 式苏轩
- 105 紫薇园
- 106 海棠园
- 107 桂花园
- 108 苏祠廊

110 碑廊妙迹 BEI LANG MIAO JI

- 112 表忠观碑
- 117 醉翁亭记碑　丰乐亭记碑
- 119 柳州罗池庙迎享送神诗碑
- 122 苏轼临颜真卿争座位帖碑
- 124 楚颂帖碑
- 127 洞庭春色赋·中山松醪赋碑
- 132 苏文忠公墨竹图碑
- 135 刘海戏蟾图碑
- 138 马券碑
- 141 东坡盘陀画像碑
- 145 苏符行状碑
- 148 谒三苏祠诗碑

- 152 后记

朋友们，你们好！

欢迎你们来到全国重点文物保护单位三苏祠博物馆，欢迎走进三苏故居，参观三苏古祠！

古祠遗韵

　　三苏祠是北宋著名文学家苏洵、苏轼、苏辙父子的故居，坐落于四川眉山城南纱縠行，苏轼诗曰"家有五亩园"。元代改宅为祠，祭祀三苏由此开始，三苏祠虽为苏家家族祠堂，但因为三苏父子的影响力，一直以来都是对外开放的公祭祠堂。明代末年，三苏祠毁于兵乱战火，清代康熙年间摹拟重建，民国时期扩修。三苏祠清代建筑群和西蜀园林相融合，形成了"三分水、二分竹的岛居形式"，有"祠在水中央"之说，即整座祠堂构建在三面环水的一座半岛上，坐北朝南，在一中轴线上组成三进四合院，东西厢房在左右均衡的基础上又有自由变化，从而形成了不严整对称的格局。主体建筑由南大门、前厅、飨殿、东西厢房、启贤堂及廊院、快雨亭、来凤轩、云屿楼等组成。东西两边建有亭榭五座，东池有抱月亭、绿洲亭；西池有瑞莲亭、百坡亭、披风榭。2006年，将占地约十亩的原眉州古考棚遗址划归三苏祠，今三苏祠总占地百余亩。三苏祠现为全国重点（古建类）文物保护单位，国家二级博物馆，国家AAAA级风景区。

　　　　故居遗迹何处寻？古井荔枝诉亲情。
　　　　改宅为祠景先贤，祭祀历经八百年。
　　　　明清风貌古建群，民国扩建添新景。
　　　　百年维修重光现，漫步苏祠感万千！

　　下面就让我们一起漫步苏祠吧！

南大门

NAN / DA / MEN

首先，我们来到三苏祠南大门，也就是三苏祠的正大门，它是由民国十七年（1928）的牌坊式样改建而来的三檐歇山式仿古建筑，中间悬挂的"三苏祠"匾额为清代大书法家何绍基墨迹，上题"咸丰癸丑五月道州何绍基"。咸丰癸丑年，即咸丰三年（1853），当时何绍基任四川学政使，这一年的五月，何绍基来眉山巡查眉州试院考试情况，因此在三苏祠留下诗文。何绍基是何许人？清代大书法家。他与三苏祠又有怎样的缘分？三苏祠至今保留了他的书法、相关碑刻和因其命名的亭宇，可谓缘分不浅！我们会在参观的过程中一一给各位解答。在文人祠堂中，意味深长的匾额楹联非常多，三苏祠也不例外。三苏祠大门就有这样两副：

◆ 南大门

> 克绍箕裘，一代文章三父子；
> 堪称模楷，千秋景慕永馨香。

对联书写于1985年（乙丑），由姜书阁撰书。联文高度赞誉苏氏三父子家学渊源，为文章大家，是后人学习的榜样，并永远受到人民的纪念。落款为"乙丑秋，过眉山瞻仰三苏祠，辽东后学姜书阁撰并书"。姜书阁（1907—2000），字文渊，辽宁凤城人，著名学者。20世纪80年代起，历任湖南湘潭大学教授、湖南省古典文学研究会理事长、中国屈原学会副会长。从联文到书法，让我们看到了78岁高龄的姜书阁深厚的文学功底。

> 北宋高文名父子；
> 南州胜迹古祠堂。

对联是1959年12月，时任四川省文史馆副馆长向楚撰联，四川省文史馆馆长刘孟伉书写。上联称颂三苏父子是北宋时期著名文学家，下联说三苏祠是川西南最负盛名的文化古迹。落款为："一九五九年十二月，题寄眉山三苏祠。向楚为文，刘孟伉书字"。向楚（1877—1961），字作仙樵，四川巴县（今重庆市巴南区）人，史学家、教育家，光绪二十八年（1902）举人。辛亥革命时任孙中山大元帅府秘书、重庆蜀军政府秘书院院长；后任四川省政务厅厅长、教育厅厅长、四川大学文学院院长、代理校长等职；新中国成立后为民革中央委员、四川省文史研究馆副馆长。所著《巴县志》为全国名志，著有《空石居诗存》。刘孟伉（1894—1969），名贞健，晚号痳叟（呓叟），今重庆市云阳人，著名书法家、诗人。1926年参加刘伯承领导的泸顺起义。历任川东游击纵队七南支队司令兼政委，川东行署委员兼副秘书长；1959年起任四川省文史研究馆馆

◆ 三苏祠大门（改建前）

◆ 三苏公园大门（民国）

长。著有《杜甫年谱》《刘孟伉诗词选》等。1959年12月他们专程来三苏祠拜谒，为表达对三苏的景仰之情，共同完成了这副对联。之后，刘孟伉还为三苏祠撰写了多副对联，其中有集东坡诗句的集句联和自撰联等。

进入正大门，迎面是两棵高大的银杏树，它们是三苏祠古老历史的象征。

◆ 银杏

前厅

QIAN / TING

走过银杏树的甬道,我们步入前厅。厅前的柱上悬挂有郭绍虞先生撰写的对联:

萃父子兄弟于一门,八家唐宋占三席;
悟骈散诗词之特征,千变纵横识共源。

三苏祠重建纪念。东坡能使四六散化;古文语化;有时又骈化;诗议论化;词又诗化。变化纵横,莫可端倪。千古一人,罕见其匹。郭绍虞,时年八十有八。

◆ 前厅

对联的撰写时间是1980年，这一年的9月12日至17日，全国苏轼研究学会成立大会暨学术研讨会在三苏祠召开，开启了新中国成立以来的苏学研究。苏轼学术研讨会每两年举办一次，主办单位是全国高等院校和苏轼遗迹遗址地。当年，来自全国各地的专家学者和苏轼遗迹遗址地代表80多人参会。上海复旦大学教授、中国古代文学理论学会会长郭绍虞，以嘉宾身份受邀前来参加成立大会。当时的郭绍虞先生已经是八十八岁高龄了，但精神矍铄，激情满怀。此对联从文学史的角度肯定了苏氏父子在中国古代文学中的地位，"唐宋八大散文家"苏家就占据了三家，可以说是无可超越的。尤其是苏轼，更是具有多方面的文学才能，诗词文赋都继承和发扬了前人的优良文学传统，在"变化纵横"中取得了很高的成就，堪称"千古一人"。

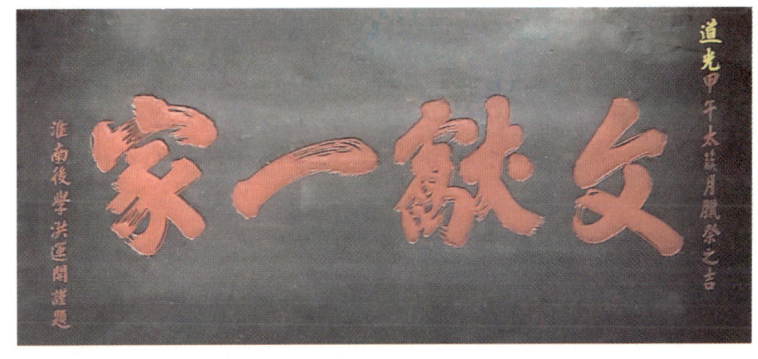

◆ "文献一家"匾

前厅的建筑风格为悬山式屋顶，抬梁式梁架，建于清同治十年（1871），是清代时期的三苏祠大门。前厅门楣正中悬挂清代道光十四年（1834）眉州知州洪运开题写的"文献一家"匾额。"文献"的"献"字，通"圣贤"的"贤"字，意为文学先贤都集于苏门一家。落款为："道光甲午太簇月腊祭之吉，淮南后学洪运开谨题"。洪运开，道光年间任眉州知州，安徽合肥人，因此谦称淮南后学。太簇是一月的别称。腊祭是指历史悠久的民间传统祭祀活动，此处指祭祀三苏。前厅门枋有对联一副：

苏祠漫步——三苏祠导览解说词

一门父子三词客；
千古文章四大家。

对联没有款识，据记载为清代雍正时文华殿大学士张鹏翮撰，宣统二年（1910）四川盐茶使赵藩书写。此联高度评价三苏父子，尤其是苏轼在文学史上的地位以及卓越的文学成就。上联的三词客，指苏洵、苏轼、苏辙，苏家三父子，他们都是北宋著名文学家。下联中的"文章"主要以散文而论，"四大家"指唐宋古文运动的倡导、兴起、继承、完成阶段的领袖人物，即唐代的韩愈、柳宗元，宋代的欧阳修、苏轼。"唐宋八大散文家"是明代人称评的唐宋八位著名的散文家，他们是韩愈、柳宗元、欧阳修、王安石、苏洵、苏轼、苏辙、曾巩。撰联者张鹏翮，号宽宇，字运青，四川遂宁人，清代名臣，康熙九年（1670）进士，历任浙江巡抚、吏部尚书、两江总督、江南学政、河道总督等。雍正时期官拜文华殿大学士兼吏部尚书，时称"贤相"，著有《张文端公全集》。书写者赵藩，字樾村，云南剑川人，学者、诗人、书法家，光绪年间举人，曾任四川酉阳知州、盐茶道、川南道按察使等，参加过辛亥革命和护国运动，后回滇任云南省图书馆馆长，有《介庵楹句辑钞》等诗词楹联著述，主持纂辑《云南丛书》。

前厅中这两通御制碑，相信大家一定注意到了。它们是《宋赠苏文忠公太师制》和《宋孝宗御制文忠苏轼文集赞并序》。南宋时期，特别是宋孝宗时期，对苏轼的研究和推崇达到高峰，上至皇帝、大臣，下至平民百姓对苏轼都十分敬重，这二通碑就与南宋孝宗皇帝有关。南宋孝宗乾道九年（1173）正月，苏轼的曾孙苏峤要整理出版其曾祖父苏轼的文集，为此，孝宗皇帝在选德殿专门召见苏峤，特追赠苏轼为太师，即有《宋赠苏文忠公太师制》一文，并为即将刊行的苏轼文集作《宋孝宗御制文忠苏轼文集赞并序》。文中对苏轼给予极高评价，可以说是推崇备至，赞誉苏轼"忠言谠论，立朝大节，一时廷臣无出其右",称苏轼"可谓一代文章之宗也!"称其文学成就"雄视百代,自作一家,浑涵光芒,至是而大成矣"。特别是《宋赠苏文忠公太师制》中的这句:"人传元祐之学,家有眉山之书"更是对三苏,特别是对苏轼文学的推崇。"元祐之学"指的是宋哲宗元祐时期,苏轼(包括苏辙)已成为继欧阳修之后的北宋文坛领袖,代表北宋文学的最高成就。苏轼出生于眉山,是眉山的文化标志,眉山之书就是指苏轼的文学作品。所以,陆游所讲的"苏文生,吃菜羹,苏文熟,吃羊肉!"也说明苏轼的文章成为后世学子们学习的典范,也说明了苏轼的文学地位。

宋赠苏文忠公太师制

敕:朕承绝学于百圣之后,探微言于六籍之中,将兴起于斯文,爰缅怀于故老,虽仪刑之莫觌,尚简策之可求,揭为儒者之宗,用锡帝师之宠。故礼部尚书、端明殿学士、赠资政殿学士谥文忠苏轼,养其气以刚大,尊所闻而高明。博观载籍之传,几海涵而地负;远追正始之作,殆玉振而金声。知言自况于孟轲,论事肯卑于陆贽。方嘉祐全盛,尝膺特起之招;至熙宁纷更,乃陈长治之策。叹异人之间出,惊馋口之中伤。放浪岭海,而如在朝廷;斟酌古今,而若斡造化。不可夺者峣然之节,莫之致者自然之名。经纶不究于生前,议论常公于身后。人传元祐之学,家有眉山之书。朕三复遗编,久钦高躅。王佐之才可大用,恨不同时;君子之道暗而彰,是以论世。谠九原之可作,庶千载以闻风。惟而英爽之灵,服我衮衣之命。可特赠太师。余如故。

宋孝宗御制文忠苏轼文集赞并序

成一代之文章,必能立天下之大节;立天下之大节,非其气足以高天下者未之能焉。孔子曰:"临大节而不可夺，君子人欤！"孟子曰："我善养吾浩然之气，以直养而无害，则塞乎天地之间。"盖存于身谓之气；见之于事谓之节。节也，气也，合而言之，道也。以是成文刚而无馁，故能参天地之化，开盛衰之运，不然，则雕虫篆刻，童子之事耳，乌足与论一代之文章哉！故赠太师谥文忠苏轼，忠言谠论，立朝大节，一时廷臣无出其右。负其豪气，志在行其所学。放浪岭海，文不少衰。力斡造化，元气淋漓。穷理尽性，贯通天人。山川风云，草木华实，千汇万状，可喜可愕，有感于中，一寓之于文，雄视百代，自作一家，浑涵光芒，至是而大成矣。朕万几余暇，绅绎诗书，他人之文，或得或失，多所取舍；至于轼所著，读之终日，亹亹忘倦，常置左右，以为矜式，信可谓一代文章之宗也欤。乃作赞曰：

　　惟古文章，言必己出。缀词缉句，文之蝥贼。
　　手扶云汉，斡造化机。气高天下，乃克为之。
　　猗嗟若人，冠冕百代。忠言谠论，不顾身害。
　　凛凛大节，见于立朝。放浪岭海，侣于渔樵。
　　岁晚归来，其文益伟。波澜老成，无所附丽。
　　昭晰无疑，优游有余。跨唐越汉，自我师模。
　　贾马豪奇，韩柳雅健。前哲典刑，未足多美。
　　敬想高风，恨不同时。掩卷三叹，播以声诗。
　　乾道九年闰正月望，选德殿书赐苏峤。

宋孝宗召见苏轼的曾孙苏峤，追赠苏轼为文忠公太师，并为苏轼文集作序，一方面表现出宋孝宗对苏轼文章的推崇，更重要的是为苏家恢复名誉。这是因为宋哲宗时期，苏轼兄弟受到了政治上的打击和迫害。他们本是元祐初期的执政人臣，哲宗亲政之后，元祐初期的大臣们遭到排挤和贬谪。宋徽宗崇宁元年（1102），徽宗听信蔡京之言，将哲宗元祐、元符年间，所谓对王安石变法不满的近一百二十名大臣列为"元祐奸党"（苏轼兄弟位列其中），并立下《元祐党籍碑》。凡碑上所列"元祐党人"，不许参加科考，永不录用，不许与官宦人家通婚，不许其子孙留在京师等。崇宁三年（1104）"元祐奸党"增至三百零九人，徽宗书写"元祐党籍碑"，一时间，全国各州县都立下《元祐党籍碑》，这种打击可谓宋史唯一，亘古未有。宋徽宗立碑后，数次出现星变（彗星出现在西方），为了应对天象示警，徽宗曾下令毁碑。南宋孝宗时期，朝廷下令毁掉全国所有的"元祐党籍碑"，恢复三苏名誉。现存"元祐党籍碑"有两件：一件在广西桂林龙隐岩石壁间，一件在广西融县真仙岩壁间，两件碑文均为后人重刻。所以，这两通御制碑意义非凡，历代出版的苏轼文集中，大多会刊印这两篇御制文章。苏峤曾任显谟阁待制，显谟阁为皇家收藏诏书文章的图书阁，职务虽然较低，但在元祐三苏恢复名誉之后，能进入皇家图书馆也是一件不易之事。

前厅左右是两个耳房，保存着九通记载三苏祠历史沿革和维修记录的碑石。

西耳房内为明清碑石五通，即明成化二十一年（1485）许仁《眉山八景诗碑》、明嘉靖九年（1530）赵渊《三苏先生祠记碑》、清康熙十一年（1672）王士祯《眉州谒三苏公祠诗碑》、清嘉庆十一年（1806）汪桱《重修苏祠新建祀田兼筑方墙门道记事碑》、清嘉庆十八年（1813）赵来震《新建木假山房记碑》。

《眉山八景诗》是明成化年间，眉州知州许仁为眉山八处风景名胜题写的八首诗，分别为苏池瑞莲、灵岩石笋、蟆颐晚照、象耳秋岚、中坝渔村、松江野渡、峨眉霁雪、江乡夜月，勒石成为《眉山八景诗碑》，其中，"苏池瑞莲"为眉山八景之首，许仁在诗中写道"可人千载尚流芳，故宅池中并蒂香。莫讶为祥兆科甲，生前元自擅文章。"《三苏先生祠记碑》为明代嘉靖九年（1530）赵渊撰，徐珏书，由许俨等立。碑文主要是说，侍御丘道隆按部眉山，命新任眉州知州莫钝协助青神县令杨麟主持维修三苏祠，另将九处寺庙及孝思佛堂田若干为苏祠祀田，还往彭山县可龙里寻求苏洵墓地无果等。文中还提及苏洵手植榆树已经半枯了，池塘中的莲花也荒芜了等。《眉州谒三苏公祠诗碑》由清代康熙十一年（1672）王士祯题，杨尚璞书。诗为七言诗，共三十六句，讲到了山色丰腴不枯的蟆颐山及清澈如玻璃般的岷江水，"蟆颐山色腴不枯，玻璃江水如醍醐"。拜谒三苏祠，王士祯见到了明代遗存的《东坡盘陀画像碑》和《马券碑》，感叹"长公遗像龙眠笔，马券剥落涪翁书"。在碑廊参观的时候，我们还会详细地介绍《东坡盘陀画像碑》和《马券碑》。《重修苏祠新建祀田兼筑方墙门道记事碑》为清代嘉庆十一年（1806）汪桎撰，从文中记载我们得知，这一年维修了东西厢房，有关"苏祠祀田"表述是参照康熙五十四年（1715）戴伊任撰《重修苏祠置买祀田记》改写。《新建木假山房记碑》为清嘉庆十八年（1813）赵来震撰，左绍兰书，文章简述了赵蕙芽等眉州官员对三苏祠的维修，培修整治原木假山房，更名济美堂以及新建木假山房的经过。

东耳房保存了民国三苏祠保护碑四通：民国八年（1919）范天烈撰文，傅荣一书《培修眉山三苏祠记碑》、民国二十五年（1936）六月《四川善后督办刘为布告碑》、民国二十五年（1936）七月《四川省政府布告碑》、民国二十五年（1936）八月《国民政府军事委员会委员长行营布告碑》。

从《培修眉州三苏祠记》中，可以得知，当时的三苏祠"自宋迄今数百年矣，沧桑兵火，万事都非，是祠纵存，亦不过风雨一橼，葩草一庭，图书一楼已耳"，而且"频年用兵，师行所至，官私房舍，动若摧残已成惯例"。三苏祠虽未经历大的战乱，但不断有军队驻扎，加之年久失修，已呈现破败景象。时任四川陆军第二师辎重旅旅长、郫县人陈国栋于民国七年（1918）率军驻眉山时，睹物思贤，"慨然有志于培修"。在他主持下，三苏祠从民国七年（1918）秋季动工维修，至民国八年（1919）仲春，历时三季，完成了消寒馆、启贤堂等主体建筑的修缮，还包括祠堂东面的抱月亭、绿洲亭（原名水竹轩）、云屿楼（原名东坡楼），祠堂西面的洗墨池（洗砚池）、快雨亭、披风榭等亭台楼阁的维修。维修人员还为祠内的荷塘淘淤泥，重新栽种荷花，美化环境，"行见莲叶接天，荷葩映日，骚人墨客，聚集于斯"，三苏祠又呈现出昔日古朴典雅的风貌，"所谓绿杨城郭，大好河山皆饶有天然画意，亦一巨观也。"维修后的三苏祠作为驻军司令部，不对外开放。这是三苏祠在民国年间最大的一次维修，为此，陈国栋邀请曾在邻县彭山任职的范天烈撰写了《培修眉州三苏祠记》一文，傅荣一书写，勒石成碑。

民国二十五年（1936）的《四川善后督办刘为布告碑》《四川省政府布告碑》《国民政府军事委员会委员长行营布告碑》三通碑为一组碑文，碑上的时间依次为1936年的6月、7月、8月。事件的起因是这样的，1935年至1936年间，时任国民政府军事委员会委员长的蒋介石亲率中央军入川，在四川建立行辕，同时在峨眉山成立军官培训班，并亲自督学。中央军借机入川并驻扎下来，其中，国民革命军十七师入驻眉山城并驻军三苏祠。就这样，昔日的圣贤之祠，成了荷枪实弹的军人出入之地。自此，眉山乡绅文人和百姓纷纷向当地政府请求，恳望驻军撤出三苏祠。

在当时的眉山县城里，设有四川省第四区行政督察专员公署和眉山县政府。于是，时任第四区行政督察专员的余安民便向四川善后督办刘为呈上了请示报告，请求十七师撤出三苏祠。刘为接到请示后，当即以四川善后督办名义，于1936年6月发出布告，并将余安民的报告转呈省政府主席刘湘。刘湘阅后也随即于7月发出省政府布告，并转呈当时身在四川行辕的蒋介石。8月，蒋介石专门签发中央政府布告，下令保护文物古迹。这样，从民国二十五年（1936）6月善后督办布告，到7月省政府布告，再到8月中央政府布告，三个月内三个布告连发，终将十七师从三苏祠撤出。至此，三苏祠重现"圣贤之祠"的本来面目，而百姓乡绅和学子们也重新得以入祠拜谒。为此，眉山将上述三个布告镌刻于石碑之上，并立于三苏祠内，作为纪念。

从碑文中可见，上述三个布告的前半部分基本是"四川省第四区行政督察专员余安民"请示报告的内容，后半部分则是各级政府的强调和要求。从布告碑的内容来看，第一通"四川善后督办布告碑"主要使用了行政督察专员余安民所呈送的报告，特指军队（十七师）驻扎三苏祠不妥，恳请撤出并上呈省政府。第二通"省政府布告碑"则举一反三，将省内的武侯祠、杜甫草堂等名胜与三苏祠一并列为保护名胜，布告军民予以遵照，并同时上报了中央政府。而在第三通"中央政府布告碑"中，中央政府则借此机会，将保护文化古迹等要求通令全国，布告天下，特别是文中"此不独吾川观摩所系也，且为全国景仰所关"，明令全国的名胜古迹，都不得由军队驻扎或机关借用。

蒋介石的布告发布之后，十七师于次年撤出三苏祠。之后，当地政府重新修缮并扩建三苏祠，并将布告勒石立三苏祠内，以示告诫。中央政府的石碑高1.84米，宽0.95米，标题为魏碑体，楷书正文。省政府和四川善后督办的布告碑依次缩小碑体。随着时间的推移，这三通记载民国三苏祠历史的碑刻日渐湮没。2000年，在修缮三苏祠的过程中，这三通碑被偶然发现，它们或铺于道路，或镶成石缸等。清理后，石碑有少量字迹风化损落，所幸基本完好，它们是三苏祠历史的见证。

国民政府军事委员会委员长行营布告
案据四川省第四区行政督察专员余安民呈称

窃维式闾封墓，周推锡类之仁；表里旌门，汉重乡贤之礼。故义或取乎观感，而事无间于古今。所以矜式邦人，楷模多士也。眉山为三苏故里，城内旧有祠堂一所，内塑文安、文忠、文定三公遗像。林园幽胜，台榭清虚。历有名流，时多题咏。上年官绅集议，广为公园。颜之曰：三苏存其寔也。专员以钧行营，迭有明令，保存胜迹，仰见尊崇先哲，钦佩莫名。苏氏在宋一代，父子兄弟之间，人品文章之盛，稽有史之篇籍。前无古人，慨日下之江河，后无来者。即此崇祠旧址，岿然尚存。千年旧树，犹有荔枝。数里新衢，宛然纱縠。较之武乡遗庙、工部草堂，殆有过之无不及也。此不独吾川观摩所系也，且为全国景仰所关。况复拓为公园，籍供游览。倘疏护持之责，何觇文化之□。□□仰恳钧行营，赐予保护布告，以免军队驻扎，机关借用，以维名胜。一俟奉到，领下署，即便勒诸石碑，垂之久远。庶几甘棠荫地，留已往遗爱之思，老柏摩天，启后来希贤之念。

等情，查三苏公园，乃眉山古迹。就乡贤之崇祠，辟登临之胜地。直为□□□□□□景仰之思。自应特准布告，切寔保护，用示崇敬，而垂久远。据呈前情，除指令外，合行布告。仰军政各界人等，一体凛遵。务须加意爱护，毋得籍词借驻。为要。

此布

中华民国二十五年八月□日

委员长蒋中正

飨殿

三苏祠的祠堂是由前厅和飨殿,以及后面的启贤堂、来凤轩、东西厢房、回廊构成三进四合院。第一进院落为飨殿和东西厢房。飨殿是供奉三父子的殿堂,是三苏祠的主体建筑之一。历经了明末农民起义的战乱,整个四川民生凋敝,眉山更是在一片废墟之中,三苏祠也近乎荒芜。清代康熙元年(1662),直隶州涞水(今河北涞水县)人赵蕙芽上任眉州知州。他在《重修三苏祠记》中描述:"余来牧于眉,将访其遗迹而尸祝之。

◆ 飨殿

而眉之祠苏氏也，旧以其庐既毁于兵，蓬蒿中仅坡公遗像一，石帙二，并池水一曲而已！"当时的四川刚刚纳入清代版图，饱受战乱的眉山民不聊生，百废待兴。赵蕙芽上任伊始，劝农、兴学、修水利，造福眉山，深受眉山百姓的拥戴。康熙四年（1665），赵蕙芽主持重修三苏祠，在原址地摹拟重建祠堂，先后修建了飨殿、启贤堂、木假山房、瑞莲亭，奠定了三苏祠清代建筑群的基本风貌，对三苏故祠的恢复重建功不可没。

飨殿建筑面积250多平方米，为硬山式屋顶，抬梁式梁架。站在飨殿前，我们看到的是殿前悬挂的三架匾和三副对联。悬挂在正中的"是父是子"匾为清乾隆四十三年（1778），眉州知州蔡宗建题词，落款为："乾隆戊戌冬月，荆南后学蔡宗建敬题。"蔡宗建是湖北监利人，举人，当时任眉州知州。此匾中的"是"，在古汉语里是"这样"的意思。"是父是子"意为有这样伟大的父亲，就有这样优秀的儿子，虎父无犬子的意思。事实也的确如此，三苏父子家学渊源深厚，苏轼兄弟的成就离不开父亲苏洵的言传身教。苏洵当年考试落榜之后，回到家里，闭门谢客，整整十年，这期间就是父子三人共同学习的漫长过程。苏洵亲授两个儿子，至于如何亲授？父子三人如何教学相长？我们还会在书房来凤轩中细说。再看看右边悬挂匾题为"文章气节"，是乾隆四十三年（1778）四川督学使刘锡嘏所题，落款为："乾隆戊戌六月，督学使者刘锡嘏敬题。"刘锡嘏的个人信息不详，当时为四川督学使，即四川学政使，也就是主管教育的官员。"文章气节"是说三苏父子的文章宏伟博辩，三苏父子品格超尘脱俗，为后世敬仰。左边悬挂的匾题为"文峰鼎峙"，是康熙四十三年（1704），眉州知州金一凤题词；乾隆十六年（1751），眉州知州宋载补书。落款为："康熙甲申仲冬，山阴金一凤题。乾隆辛未冬严江宋载书。"金一凤是浙江山阴（今浙江绍兴）人，康熙年间的眉州知州。宋载是建德（今浙江建德）人，乾隆时期的眉州知州。"文峰鼎峙"意为三苏父子如文坛的三座雄伟的高峰，鼎足而立，相互辉映，雄视百代。

我们再来欣赏飨殿前的三副对联吧！首先一起来欣赏三苏祠里最有名的长联：

宦迹渺难寻，只博得三杰一门，前无古，后无今，器识文章，浩若江河行大地；
天心原有属，任凭他千磨百炼，扬不清，沉不浊，父子兄弟，依然风雨共名山。

落款为："光绪十九年癸巳中秋，滇西后学杨庆远敬题。"这副长联从三苏父子的文品和人品两方面来讲述，上联赞誉他们的文章气节，认为三苏父子为官的踪迹尽管渺茫难觅，然而他们的成就依然雄视千古，器识文章如江河行地，气概宏雄远大，不同凡响；下联赞誉他们的人品气节，认为天意原本就是有所寄托的，即使历经磨难，依旧能激浊扬清，保持高尚的情操，父子兄弟就像风雨伴着的名山一样，愈加显得伟岸清奇。这是对三苏父子人品和文品的高度赞扬。撰联者杨庆远是咸丰年间拔贡，清光绪十九年（1893），时任眉州州判。飨殿门柱上还有一副清代对联，因为没有款识，撰联者的情况不得而知。联文为：

萃父子兄弟于一堂，谠论忠规，总以爱君为本；
侔董贾扬班之钜制，行云流水，初无定质成文。

萃是聚集；谠论是指正直的言论；忠规的意思是诚恳的告诫、规劝；侔是相等、等同的意思；董贾扬班是指汉代时期的董仲舒、贾谊、扬雄、班固，他们都是汉代文学家；钜制就是巨著。其中的"行云流水，初无定质"出自苏轼《答谢民师书》："所示书教及诗赋杂文，观之熟矣。大略如行云流水，初无定质,但常行于所当行,常止于不可不止,文理自然,姿态横生。"意思是说,写文章就像天上的行云和地上的流水,本来就没有固定的形态和格式,而是出自自然。上联叙述三苏父子从政期间,忠言直谏,以"爱君"为宗旨;下联称赞苏轼足以与汉代文学家们比肩,形成了"文理自然,姿态横生"的独特风格。在飨殿的山墙边还悬挂着一副民国时期的长联:

参谒觉殊迟,公昔辅宋摅忠,媲美韩欧,仅慕英风披大箸;
从戎嗟太早,我愿投戈讲艺,再携铅椠,来游此地拜先生。

落款为:"民国七年岁次,戊午旧历秋九月,谷旦。陈国栋敬撰并书。"陈国栋,字益廷,四川郫县人,川军将领,1920年任川军第3军第7师师长,后任中央陆军31师师长,上将军衔。1925年脱离军界后,在成都从事公益事业和慈善救济活动,同时担任成都商会会长。民国二十九年(1940)陈国栋任四川省参议员。对联从两个方面表达了对东坡先生的景仰之情:一方面,作为一名军人,他钦慕东坡先生那种辅助朝政,忠心为国的精神,赞叹东坡先生优美的文章可与韩愈、欧阳修比肩。另一方面,在这战乱频仍的时期,他毫不掩饰地叹息自己的军旅生活浪费了光阴,情愿弃武从文,重新拿起笔来做学问,拜东坡先生为师。

跨过高高的门槛,我们进入到庄严肃穆的飨殿。殿堂内供奉着三苏父子塑像,正中端坐的是父亲苏洵,谥号"文公",长子苏轼居右,谥号"文忠",次子苏辙居左,谥号"文定"。

三苏(苏洵、苏轼、苏辙)是我国北宋时期著名的文学家、思想家、政治家。以苏轼为代表的三苏父子以其深邃的哲学思想、卓越的政治实践、辉煌的文学成就和丰富的人生体验,形成了独具魅力的三苏文化,为中华民族谱写出一曲灿烂的乐章。三苏在文学上造诣极深,虽同出一源又各具特色,人称"凝练老泉,豪放东坡,冲雅颍滨",同登唐宋八大家之列。三苏父子立身操守，光明磊落，清廉正直，循理无私，关心国家命运，同情民间疾苦，深受古今中外景仰和歌颂。一门父子，千古文章，雄视百代，辉耀古今。

苏洵（1009—1066），字明允，号老泉，青少年时喜好游历名山大川，二十七岁始发奋为学。他二十九岁举进士、三十八岁再次参加科考皆不中，愤而烧去平日文章，誓不再试。他精研"六经"、百家之书，稽考古今成败之理。嘉祐初年，苏洵受成都知州张方平、雅州知州雷简夫举荐，携二子苏轼、苏辙进京，拜见翰林学士欧阳修，并上《权书》《衡论》《机策》等文章二十二篇。文章一出，轰动京师，天下学者竞相仿效。翰林学士欧阳修、宰相韩琦和仁宗皇帝大为赞赏。苏洵被破格录用为秘书省校书郎、霸州文安县主簿，与陈州项城令姚辟等同修《太常因革礼》一百卷，书成即卒，享年五十八岁，安葬于眉州彭山县安镇乡可龙里（今眉山市东坡区土地乡公益村）。加封为光禄寺丞赠太子太师，世称"文公"，著有《嘉祐集》（二十卷）、《易传》（三卷）等。苏洵为一代文章宗师，不仅是"一时之杰"，更是"百世所宗"。

苏轼（1037—1101），字子瞻，号东坡居士。嘉祐二年（1057）进士及第，秘阁制科考试入三等，官至翰林学士、龙图阁学士、端明殿侍读学士，兵部和礼部尚书。苏轼曾出任凤翔、密州、徐州、湖州、登州、杭州、颍州、扬州、定州等地方官，以其卓著的政绩彪炳史册。宋徽宗建中靖国元年（1101），苏轼病逝于江苏常州，葬于汝州郏城县钧台乡上瑞里（今河南郏县茨芭乡苏坟村东南隅），终年六十五岁，追谥"文忠"。

苏轼是我国历史上罕见的天才全能作家，与黄庭坚并称"苏黄"。苏轼的诗有二千七百多首，其诗风清新自然，亦庄亦谐，大巧若拙，是宋诗走向成熟的标志。苏轼善于把历史和现实、天上和人间、万物与人奇妙地结合起来，创造出惊人的艺术效果。他以哲理入诗，做到了无事不可入诗，开辟了宋诗发展的新道路。苏诗气势豪迈，颇具李白浪漫主义风格，又如杜诗充满了现实主义精神，富有人民性。苏轼晚年追求陶渊明闲淡简远、韵味无穷的艺术风格。

苏轼的词存世约三百四十首，可分为清旷、豪放、婉丽三类。尤其是豪放词，无论在内容、题材、风格、意境还是在形式格律的创新突破等方面，都达到了新高峰。"一洗绮罗香泽之态，摆脱绸缪宛转之度"，开创了豪放词派的先河，苏轼与辛弃疾并称"苏辛"。其清旷词、婉丽词

◆ 三苏图（清·冯会）

风格清新瑰丽，富有浓郁的浪漫主义色彩。

苏轼的散文留存至今的有四千余篇。题材多样广泛，有文赋、游记、表启、跋文、碑传、小品文、政论、史论、杂说、寓言等。其文语言平易，说理透辟，行云流水，姿态横生，气势雄浑，博辩滔滔，挥洒自如，自然成文，成为后世散文家学习的楷模。苏轼是继欧阳修之后宋代古文运动的领袖，其杰出的散文作品，标志着从西魏发端，历经唐宋的古文运动取得的重大胜利。

苏轼的书法，位列北宋四大书法家（苏轼、黄庭坚、米芾、蔡襄）之首，其妙迹遍于天下。他早年学王羲之父子而"风姿妩媚"；后受颜真卿影响，隽秀而端庄；晚年学李北海，凝重厚实中又添豪劲。苏轼说："我书意造本无法，点画信手烦推求"，"端庄杂流丽，刚健含婀娜"。他追求"诗画本一律，

天工与清新"的审美理想,崇尚自然成趣、烂漫天真。

苏轼善画枯木丛竹,兼擅人物花鸟。其墨竹运笔清拔,英风劲气往来逼人。苏轼与著名画家文同共创"湖州墨竹派",画史上称"文苏"。苏轼还提出"文人画"的概念,讲神韵,讲意境,讲主观激情,讲诗书画一体,逐渐成为中国画的主流,奠定了文人画的理论基础。"论画与形似,见与儿童邻",在提倡形似的同时,强调反映事物的常理,强调深入观察客观事物。"常形之失,止于所失,而不能病其全,若常理之不当,则举废之矣"。传世至今的仅有《墨竹》《枯木竹石图》《潇湘竹石图》等。

此外,苏轼在农业、水利、医药、军事、音乐、烹饪、养生等领域亦著述甚丰,创造极广。苏轼的影响早已跨越时空,跨越地域,成为中国文人的杰出代表,被誉为"千古第一文人"。

苏辙(1039—1112),字子由,一字同叔,晚号颍滨遗老。在父兄的熏陶和影响下,苏辙自幼博览群书,抱负宏伟,十九岁时与兄苏轼同榜进士及第,同策制举,先后任制置三司条例司检详文字、陈州学官、齐州掌书记、南京签判等,因受苏轼"乌台诗案"株连贬筠州盐酒税。哲宗元祐元年(1086),苏辙以绩溪令被召回朝廷,七年之中八次升迁,擢升为门下侍郎,一展政治抱负。哲宗亲政后,由于统治集团内部倾轧,他再次贬谪筠州,远谪岭南;徽宗继位,遇赦北归,从此,他寓居颍昌,闭门谢客,潜心著述。政和二年(1112),苏辙病逝,终年七十四岁,葬于汝州郏城县钓台乡上瑞里苏轼墓旁(今河南郏县茨芭乡苏坟村东南隅),追谥"文定"。

苏辙是宋代著名文学家,他知识渊博,著述丰富。其成就虽不如其兄,但独具特色。《宋史》称:"性沉静简洁,为文汪洋澹泊,似其为人。不愿人知之,而秀杰之气终不可掩,其高处殆与兄轼相迫。""苏辙论事精确,修辞简严,未必劣于其兄。"

苏辙存诗一千七百余首,与苏轼相比,"长公波涛万顷海,少公峭拔千寻麓"。苏轼诗气势磅礴,有如大海怒涛,汹涌澎湃;苏辙诗高雅闲淡,有如崇山茂林,幽深难测。如果说苏轼诗似李杜,那苏辙诗则有"王维辋川遗意"。苏辙的文学成就主要在散文方面,各种文章达一千一百多篇,包括诏诰、章奏、表状、谢启、祝文、杂文等,数量颇丰。苏轼称:"子由之文,词理精确,有不及吾,而体气高妙,吾所不及。"苏辙散文特点:一是旨意深微,落笔远而扣题紧;二是抑扬顿挫,有雍容俯仰之态;三是语言平淡,体气高妙;四是气象峥嵘,色彩绚烂。苏辙提出了著名的"文气说",认为"文不可以学而能",但"气可以养而致",强调修养和阅历对养气的作用。这是对孟子养气说的极大发展,也是对中国文艺思想的一大贡献。苏辙著作颇丰,有《栾城集》《诗集传》《春秋集解》《古史》《龙川略志》《龙川别志》等。

大家再抬头看看,苏洵像龛顶部悬有乾隆二十年(1755)眉州知州张兑和书的"养气"匾:

养气

苏氏之学,以养气为宗。洛中兄弟之理,眉山父子之气,前人并论之矣,而斤斤者狃于洛蜀之见。余谓君子之学,苟有德于身心,有裨于家国,有补于纲常名教,

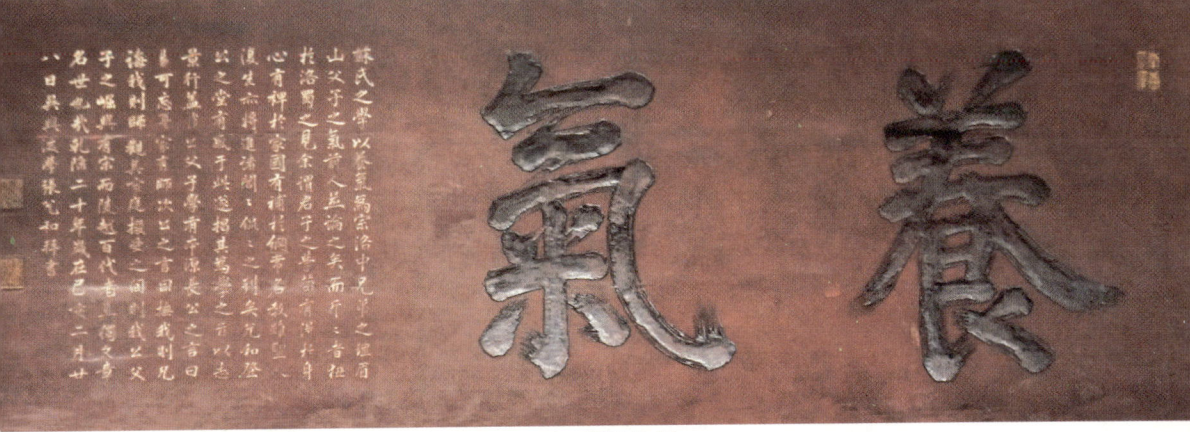

◆ "养气"匾

虽圣人复生，亦将进诸訚訚侃侃之列矣。兑和登公之堂，有感于此，遂揭其为学之旨，以志景行。盖我公父子，学有本源。长公之言曰："《易》可忘忧，家有师"。次公之言曰："抚我则兄，诲我则师"。观其家庭授受之间，则我公父子之崛兴有宋而陵越百代者，岂独文章名世也哉！

乾隆二十年，岁在乙亥二月廿八日
吴兴后学张兑和拜书

它的大意是：三苏父子的学问，是以儒家"养气"为宗旨。宋代洛阳程颢、程颐兄弟倡导的"理"学，眉山三苏父子的"气"学，前人将其相提并论，而眼光狭隘的人却拘泥于"理""气"的门户之见。我认为君子的学问，假如对身心有好处，对家庭和国家有裨益，对纲常明教有补正，即使圣人再生，也可以进入他们的行列和颜悦色、从容不迫地发表自己的见解。我（张兑和）登上这供奉三苏父子的祠堂，对此深有感触，于是阐明三苏父子做学问的根本，以铭记他们高尚的德行。三苏父子的学问自有根源，苏轼说："读《易》可以忘记忧愁。父亲（苏洵）就是我的老师。"苏辙说："（苏轼）抚慰我时是兄长，教诲我时是老师。"观察苏家父子及兄弟间传道、授业、解惑的相互关系，我们可以看出他们的崛起与兴盛，自宋以来便超越百代，又哪里仅仅是因为文章而著称于世呢？

"养气"及跋文一百九十字，昭示了苏氏父子为人治学的宗旨和浩然正气。特别是苏氏兄弟的政治主张和治学精神，不随声附和于王安石、司马光，特立独行，合于儒家之"道"。此匾为20世纪80年代国家文物局定名的"中华名匾"。

> 从岭海间拥节南来，每怀鹤观游踪，画图笠屐空千载；
> 向纱縠行驱车西去，喜挹蟆颐秀气，忠义文章萃一门。

这副对联悬挂在飨殿中苏洵塑像两侧的抱柱上，为清代马维骐撰写，落款为："余提督粤东时驻节惠州，当谒苏文忠公庙。入蜀五年矣，今春于役嘉阳归，过眉访三苏祠，平生宦辙所经，恒得拜公遗像，不可谓非厚幸云。光绪丁未滇南马维骐撰并书"。马维骐是云南人，曾任广东陆路提督，在广东惠州为官时就拜谒过苏轼在惠州所居的白鹤观寺庙，见到过流传近千载的《东坡笠屐图》，所以，他在入川为官后，于光绪三十三年（1907）专程拜谒三苏祠并撰书此联，以表达对三苏的景仰之情。联中提到的几处地名，"鹤观"指惠州白鹤观，苏轼贬官惠州时，曾在古白鹤观基上筑房。"图画笠屐"是后人依据《贵耳集》《梁溪漫志》等记载的有关"东坡笠屐"故事而创作。主要是说苏轼外出遇雨，借笠屐而归之事。"笠屐"就是海南农家的斗笠和木屐。苏轼农夫装束中透出的仙风道骨，成为历代文人追求的精神境界。"纱縠行"是宋代眉州街道名，当年苏家的居住地。苏轼文中有"先夫人僦居于眉之纱縠行"。纱縠行为眉州纺纱织縠及丝织品集市所在地，其地名沿用至今。"蟆颐"即蟆颐山，在眉州城东八里，上有蟆颐观，是眉州最著名的道观。蟆颐山是苏家父子最喜爱的郊游之地。"喜挹蟆颐秀气"指汲取蟆颐山的灵秀之气。上联说，自己在两广任职时，到惠州的白鹤观寻访东坡旧址，在儋州见到遗世独立的东坡笠屐形象，更加仰慕东坡先生的忠义言行，卓绝文章。下联说，过访眉州时，作者特地到纱縠行祭拜三苏祠，感受孕育三苏父子的蟆颐山的钟灵毓秀之气。

东西厢房

DONG / XI / XIANG / FANG

出了飨殿，我们要进入厢房参观，厢房分为东厢房和西厢房，是清嘉庆十一年（1806）培修的。东厢房分前段和后段，中间有走廊门道将其隔开。西厢房则分为三段，前段与东厢房对应，中段为快雨亭，末段为墨庄，快雨亭和墨庄的建筑风格与厢房不同，但所处的位置与西厢房基本平行，这也是古人在营造艺术上的独特构想。厢房的用途，从传统意义上来讲是给香客谈话或留宿的地方，也是祠堂作为其他用途的房屋。但三苏祠作为公祭祠堂与一般祠堂不同。一直以来，东西厢房的陈列主要围绕三苏祠的历史沿革和苏家故事展开。

三苏生活在宋代，宋代的眉山究竟是怎样的一个神奇之地，诞生了三位著名的文学大家呢？

眉山地处成都平原西南，向来是蜀中文化名城。名胜古迹众多，俊彦贤才辈出。唐代《通义志》称，"山不高而秀，水不深而清"。唐代《庐拯罗城记》："坤维上腴，岷峨奥区"，说眉山是岷峨之间最奥妙、最美丽的地方。南宋诗人陆游赞眉山："孕奇蓄秀当此地，郁然千载诗书城"，眉山因而有了"千载诗书城"的美誉。清《广舆记》称："介岷峨之间，为江山秀气所聚"。清代《眉山县志》载："川南形胜地，人文第一州"，这人文第一州之名可不是随便就能得到的。下面来看看眉山给我们呈现了哪些独特的历史文化景象。

眉山有中国古代著名的私人图书馆。孙氏书楼始建于唐代开元年间，开元盛世，政治稳定，经济繁荣，文化昌盛。科举取士制度的确立，使得读书之风大盛。孙长儒以其远见卓识，读书、购书、筑楼藏书，其孙氏书楼在历史上有"万卷书楼"之称，唐僖宗曾御赐"书楼"二字。从创建人孙长儒起，延绵十多代孙氏子孙，经历了一段漫长的收藏历程。清嘉庆《眉州属志》载："书楼，治西，唐光启初，州人孙长儒建，为藏书之所。僖宗御书'书楼'二字赐之，长儒四世孙降衷，宋初受眉州别驾，因市书万卷贮之，六世孙重修，魏了翁作记。"孙降衷学识渊博、品德高尚，游学洛阳时，与时为后周大将的赵匡胤结识，前者有独善其身的修为，后者有兼济天下的远大志向。宋初，孙降衷婉言谢绝了宋太祖赵匡胤的为官之邀，受官"眉州别驾"闲职，从京城开封遍购图书典籍回眉山。其后，六氏孙孙辟再入京城购书，藏书更为丰富，并延师讲学，号为"山学"。南宋眉州知州魏了翁任时，正是孙氏六世孙重修书楼时，魏了翁为修缮后的孙氏书楼作了《孙氏书楼记》。文中感叹道："孙氏之传，独能于三百年间，屡绝而复兴，则斯亦不可尚矣夫！"书楼在三百余年间几经焚毁，几度重建。孙氏书楼是宋代有名的私人藏书楼之一，是眉山典籍收藏和书院教育悠久历史的代表。

眉山是宋代三大刻版印刷中心之一。宋代眉山刻版印刷业十分发达，成为"蜀本"的代表，"蜀刻眉州大字本"闻名于世。四川眉山与浙江杭州、福建建阳并称全国三大刻版印刷中心。两宋时期，私家刻书很盛行，拥有一大批雕刻名匠和刻印坊，清代《天禄琳琅书目》和《书林清话》就记载了宋代最有名的八家私人刻坊，其中就有"眉山程舍人宅"，这也是眉山刻本的最早记载。"眉山程舍人宅"刻本留给后世的两大影响，一是它刻的《东都事略》和"眉山七史"极为有名。《东都事略》是一部纪传体的北宋史，作者王称，最早刻本为南宋孝宗时期，共130卷，记载从宋太祖赵匡胤至宋钦宗赵桓的九朝史事，是后世研究宋史不可或缺的资料。无论从版本学还是从历史学来讲，都具有较高的价值。现存最完整的一套藏于台湾图书馆，日本有残本。"眉山七史"中的"七史"，是指南北朝时期的七种正史，即《宋书》《南齐书》《北齐书》《梁书》《陈书》《魏书》《周书》。原为曾巩等人校定，宋徽宗时颁行。南宋绍兴年间四川转运使井度（字宪孟）收辑补注后，在眉山刊行，又称《宋蜀刻七史》。二是版权页的发明，也就是在每页上刻了刻坊名称，刻工姓名，不得翻刻等说明文字。在程舍人宅刻本中，首次出现有"已申上司，不许覆版"的文字，并记有刻工的名字。这是我国关于保护版权的最早记载。

眉山的书院教育规范而完善。眉山文化的发展使得读书之风很盛行。在眉山，书院教育非常兴盛，书籍的大量刊行推动了眉山的官学、私学教育的发展。苏轼在《眉州远景楼记》中写道："独吾州之士，通经学古，以西汉文词为宗师。"在这种良好的氛围中，许多人士"相继登于朝，以文章功业闻于天下，于是释耒耜而执笔砚者，十室而九。比之西刘，又以远过。"放下农具，拿起书本，耕读传家者十有九家，天庆观、寿昌院等书院应运而生。书院是"乡党之学，贤士大夫留意斯文者所建也"，有固定的教育经费作保障，如学产、学田等。宋代眉州有名的四大书院分别为：洪雅修文书院、眉山东馆书院、丹棱巽崖书院、丹棱栅头书院。

眉山有深厚的文化渊源。宋代眉山文化世家，以苏、程、石、史四家为盛，且皆有姻亲关系。苏轼在《眉州远景楼记》中称为"江乡"，即"而大家显人，以门族相上，推次甲乙，皆有定品，谓之江乡。非此族也，虽贵且富，不通婚姻"。

苏家自唐代苏味道入蜀至宋代三苏时代，累积书籍近万册。程家以进士起家，"历六世。其家既贵，不以殖其货，筑阁于其所居，以聚四库书，贻其子孙。"苏洵妻程氏就出自程家。苏洵、程夫人亲自教育苏轼、苏辙，成就一门三父子。石家的石昌龄曾云："蜀人去五代乱，俗未向儒"，因而"以经术教子弟，里人化之，弦诵日闻"，号"书台世家"。家筑高台以贮书育人,其子孙石扬休"喜聚古书",成为宋代一介名儒。苏洵的姐姐就嫁与石扬休之弟石扬言。史家是眉山大族,史经臣是史家名人,苏轼诗中所描绘的"门前万竿竹,堂上四库书",即指史家。苏洵母亲出自史家。这就是互为姻亲关系的眉山文化世家。

  书籍的刊行出版,藏书量的极大丰富,书院教育的普及,文化世家的引领,眉山呈现的就是苏轼说的:"独吾州之士,通经学古,以西汉文词为宗师。"宋仁宗也称赞:"天下好学之士,皆出眉山。"《眉山县志》载:"眉州科第莫盛于宋,南北两朝中,甲乙科者八百八十人。想其时腾蛟起凤,甲第连云,都会亦莫之及焉。"两宋三百余年间,眉山共有进士885人。《宋史》为蜀人立传的158人中,眉州就占了26人。因此,宋代眉山厚重的历史文化孕育出三苏父子这样杰出的文学家绝非偶然。

西厢房的展陈,是以三苏生活为线索,展示苏家生活和纱縠行的历史变迁。首先展现在我们眼前的是一幅长卷样式的漆画《古纱縠行图》,也就是古纱縠行的复原图。纱是指棉纱、丝质物品之类,縠是有皱纹的纱。行是行业的行,也就是说这条街是眉州当时的丝绸纺织行业的集散地,也是一条繁华的商业街。每年的蚕市,是纱縠行最为热闹的时候,苏辙在《蚕市》诗中写道:"枯桑舒牙叶渐青,新蚕可浴日晴明。""酒肴劝属坊市满,鼓笛繁乱倡优狞。"热闹的蚕市中,茶坊酒肆也生意兴隆,还有各种歌舞表演,吸引着商人、农人和其他人。苏轼《和子由蚕市》诗中有:"闲时尚以蚕为市,共忘辛苦逐欣欢。""忆昔与子皆童卯,年年废书走市观",说自己和弟弟苏辙竟然丢下书本,跑到集市上去看热闹。由此可见,眉山纱

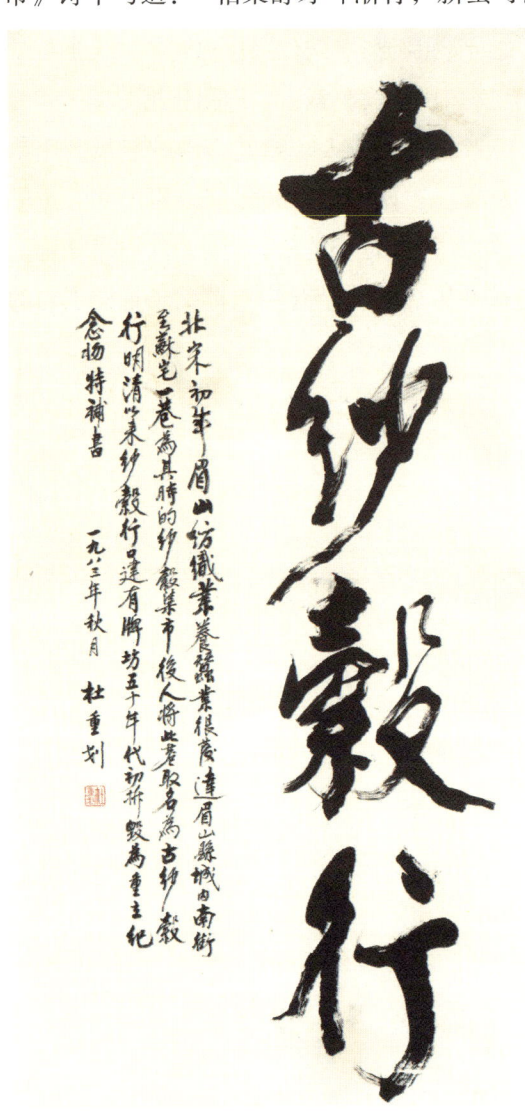

◆ 古纱縠行(杜重划)

◆ 古纱縠行图（邓开鹏）

縠行蚕市的商业气氛非常浓厚。纱縠行是眉山唯一沿用至今的宋代地名。长卷的上方有"古纱縠行"几个字，这是由眉山籍的著名书画家杜重划题写，旁边的落款为我们解释了纱縠行的由来："北宋初年，眉山纺织业、养蚕业很发达，眉山县城内南街至苏宅一巷为其时的纱縠集市，后人将此巷取名为古纱縠行。明清以来，纱縠行口建有牌坊，五十年代初拆毁，为重立纪念馆特补书。一九八三年秋月，杜重划。"

当年的苏家就居住在眉山城西南纱縠行，苏轼曰"家有五亩园，幺凤集桐花"，在这五亩的宅院内"竹柏杂花丛生满庭"，有古井、瑞莲池、南轩等。最初，苏家靠着租赁房屋过日子，苏轼说："先夫人僦居于眉之纱縠行"，"僦"即为租赁之意。宋仁宗景祐三年（1036）农历十二月十九日，苏轼出生于纱縠行苏家，宋代付藻《东坡纪年录》记载："十二月十九日卯时，公生于眉山县纱縠行私第。"苏家在纱縠行生活得如何？又有哪些有趣的事情发生在这所院子里呢？我们还会专门给大家介绍。

苏祠漫步——三苏祠导览解说词

与西厢房相对的是东厢房,东厢房又以中间的过厅将其分为前后两段。前半段展陈以三苏祠发展为线索,讲述三苏祠祠堂变迁和发展以及人文情节,突出三苏祠在全国"三苏遗迹遗址纪念地"的地位。通过对宋代苏家的了解,我们都知道,三苏祠是苏洵、苏轼、苏辙父子的故居,坐落于眉山城内西南纱縠行。先是苏家租赁房屋,后来因为苏母程夫人经营有方,苏家才买下了这五亩宅院。元代延祐年间,人们为了祭祀三苏,将故宅改为祠堂,具体的时间大约在元代延祐三年(1316)之前。规模较小,被称为"三苏堂",祭祀三苏由此开始,至今已有八百多年的历史。元代高丽诗人李齐贤在《眉州》中写道:"眉山僻在天一方,满城草木秋荒凉。过客停骖必相问,道傍为有三苏堂。三苏郁郁应时出,一门秀气森开张。渥洼独步老骐骥,丹穴双飞雏凤凰。联翩共入金门下,四海不敢言文章。迩来悠悠二百载,名与日月争辉光。"

明代洪武二十九年(1396),三苏祠开始增修扩建,嘉靖九年(1530)侍御丘道隆命眉州太守莫钝维修三苏祠,并割九寺庙田产为苏祠祀田。《四川通志》载:"三苏祠,在州治西南,即纱縠行苏洵故宅,元代为祠,洪武间重修"。明末毁于兵乱战火,仅存五碑一钟,即洪武二十九年(1396)《东坡盘陀画像碑》,嘉靖九年(1530)赵渊《三苏先生祠记碑》,明《马券碑》二通,明成化二十一年(1485)州牧许仁《眉山八景诗碑》和明天顺元年(1457)铁铸钟一口。我们一起来看看铁钟上的铭文:

> 四川雅州名山邑延镇乡世人刘可海,送子刘秩从学眉郡庠生徐洵,适遇三苏先生祠,其势巍然,有宋名贤,文章宗主,有以启人景仰之思,反无所舍乎?是海诚心恭扣三苏先生,遂舍财铸大钟一口,以为思圣之心,昕夕礼神之节云。

郡守李宁　节判向守中　莲幕田福　司正陈铎　司

训王祯　典科徐滨

　　舍财世人刘可海　同缘韩氏二　詹氏三

　　子　刘永琦　刘添俸　刘添政　刘永泰　刘添爵　刘添盛

　　造钟匠人周必福

　　眉州中多悦主人黄铎　陈伯通　梁金

　　天顺元年十月吉旦造

　　计云柤一口

　　从铁钟的外形上，我们可以看到，钟高1.1米，口径0.78米。钟钮龙形，纹饰分四层，依次为双层莲瓣纹与缨珞纹、卷草纹、主题文字以及旋纹。从铁钟上的文字中，我们可以得知，铁钟是由四川雅州名山人刘可海捐铸。刘可海送子刘秩从学于眉郡庠生徐洵，借此拜谒三苏先生祠堂。因景仰宋代名贤、文章宗主三苏父子，故捐铸铁钟一口。此铁钟是由三苏祠在明末兵燹后幸存的"五碑一钟"之一，是三苏祠历史的见证。

　　清代康熙四年（1665），眉州知州赵蕙芽摹拟重建三苏祠，修建了主体建筑飨殿、启贤堂、瑞莲亭。嘉庆十一年（1806），培修东西厢房。嘉庆十八年（1813），辟修木假山堂。同治十年（1871），增修前厅、四面砖墙。光绪元年（1875），四川督学张之洞倡导修建云屿楼及抱月亭和绿洲亭。光绪二十四年（1898），修建披风榭。至此，三苏祠清代建筑群风貌形成，整座祠堂具有"三分水，两分竹""祠在水中央"的独特风貌，称得上是四川清代园林的典范。

　　民国八年（1919），眉山驻军旅长陈国栋对三苏祠进行维修。眉山地方官绅集议拓建三苏祠，相继增修了南大门、百坡亭、式苏轩、半潭秋水一房山、船坞、彩画舫，并修甬道、小桥，三苏祠改名为"三苏公园"。民国二十五年（1936），国民政府军事委员会委员长发布保护三苏祠的"国民政府军事委

苏祠漫步——三苏祠导览解说词

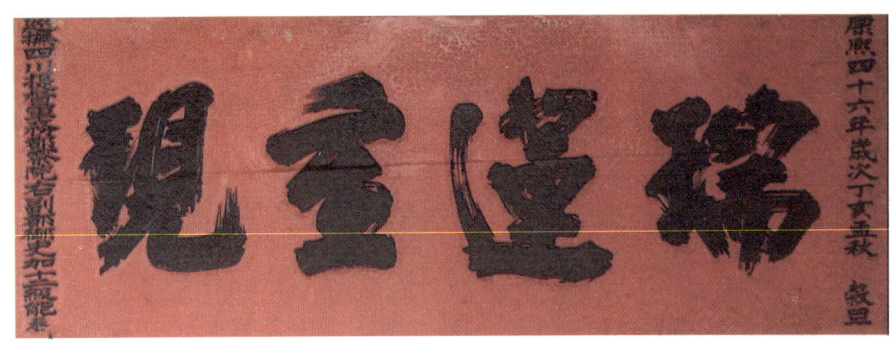

◆ 瑞莲重现

员会委员长行营布告"。

新中国成立后，党和政府高度重视三苏祠的保护传承，1959年对三苏祠古建筑进行了维修，成立三苏纪念馆并对外开放。2006年，三苏祠被列为全国重点文物保护单位。2007年，政府对祠内道路水系进行整治，将苏祠中学整体迁出改为东园碑廊、复建纱縠行部分街面，另辟地设立三苏纪念馆、游客接待中心和西园。2013年，国家文物局和市政府拨专款对祠内16处古建筑全面大修、改造园林景观、调整展览陈列、恢复古纱縠行街区，全面提升三苏祠品质。

在讲述清代祠堂部分时，大家一定注意到了"苏祠瑞莲"这一小版块。三苏祠是由三苏的故居改宅而成。据说，当年的苏家院子里，有一个小小的荷塘，可能还有一个小亭子，苏洵在池塘里栽种了荷花，父子三人常常在亭中赏月吟诗。北宋仁宗嘉祐二年（1057），苏氏兄弟双双考中进士，苏家池塘里盛开了并蒂莲花，从此，眉山就有了"瑞莲兆科甲"之说。"苏池瑞莲"成为科举的祥瑞之兆，也成为莘莘学子的殷殷期盼。到三苏祠，拜三苏，赏瑞

◆ 苏祠并蒂莲

莲，已成为眉州学子的惯例。明代成化年间，眉州知州许仁为眉山八处风景名胜题写了《眉山八景诗》，其中，"苏池瑞莲"为眉山八景之首，"可人千载尚流芳，故宅池中并蒂香。莫讶为祥在科甲，生前元自擅文章。"既是对苏祠美景的赞美，更是对三苏父子的推崇，使"苏池瑞莲"的美好得以延续。清代康熙四年（1665），眉州知州赵蕙芽在重建三苏祠时，修筑了瑞莲亭。康熙四十六年（1707）七月，四川巡抚能泰题"瑞莲重现"匾额，这是否意味着苏家的池塘中再次盛开了并蒂莲花？当然，此匾更加深远的意义在于希望出更多像苏氏兄弟一样杰出的人才！雍正年间眉州知州高思雍题匾"灵沼遗香"。乾隆十八年（1753），时任眉州知州宋载题写了"瑞莲池"匾额，悬挂于瑞莲亭门楣之上。1959年，刘孟伉依据清代何栻《衲苏集》撰写了对联"眼明小阁浮烟翠，身在荷花水影中"，瑞莲亭被列入中华名亭。2006年夏天，三苏祠的池塘里盛开了并蒂莲花，这种植物学中的奇特现象再次发生，这是三苏精神的再现，是对我们保护和传承传统文化的激励。

正是因为历代人对三苏祠的保护和维修，三苏古祠堂才得以保存至今，成为规模最大的祭祀三苏的祠堂和三苏遗迹遗址地。为此，我们将历代维修的情况，按年代划分，以人物、时间为序，呈现出来。他们对三苏和三苏祠的贡献，也会永久被记载在三苏祠的历史档案中。

历代主持维修三苏祠名录

明代

赵从矩，明洪武二十九年（1396）维修三苏祠，并重刻东坡盘陀画像碑

许仁，广东高安人，进士，明成化十五年（1479）任眉州知州

莫钝，广西荔浦人，举人，明正德年间任眉州知州。

明嘉靖九年（1530），监察御史丘道隆命眉州知州莫钝维修扩建三苏祠，并割九寺庙田产为苏祠祀田

杨煦，江西进贤人，举人，明正德年间任眉州知州

杨秉和，云南昆明人，举人，明正德年间任眉州知州

清代

赵蕙芽，字幼湘，直隶涞水人，康熙元年（1662）任眉州知州。康熙四年（1665），赵蕙芽在原址摹拟重建三苏祠，修建飨殿、启贤堂、木假山房、瑞莲亭

赵旭，山东人，进士，康熙九年（1670）任眉州知州

金一凤，字紫庭，浙江山阴人，贡生。康熙三十七年（1698）任眉州知州，主持维修三苏祠，并于康熙四十四年（1705）主持刻《柳州碑》

黄元煐，号澹葊，江南江宁人，康熙五十四年（1715）任眉州知州，维修三苏祠飨殿，更换正梁，并置祀田

高思雍，山东定陶人，廪贡，雍正八年（1730）任眉州知州

宋载，浙江建德人，拔贡，乾隆十五年（1750）任眉州知州

阎源清，贵州大定人，举人，乾隆十六年（1751）任眉州知州

张兑和，浙江乌程人，举人，乾隆十九年（1754）任眉州知州

林守鹿，福建闽县人，进士，乾隆三十五年（1770）任眉州知州

蔡宗建，湖北监利人，举人，乾隆三十八年（1773）任眉州知州

赵秉渊，字少钝，上海人，荫生，乾隆五十三年（1788）任眉州知州

彭锡珑，江西湖口人，进士，乾隆五十九年（1794）

任眉州知州

涂长发，字松岩，江南江宁人，举人，乾隆六十年（1795）任眉州知州

赵来震，号筱村，山西崞县人，进士，嘉庆五年（1800）任眉州知州。主持修建启贤堂后的桥廊，并辟今启贤堂北楹为木假山堂，将原木假山房更名为济美堂

梁敦怀，浙江新昌人，监生，嘉庆十年（1805）任眉州知州，主持修建眉州试院

洪运开，安徽合肥人，进士，嘉庆二十一年（1816）任眉州知州，道光十四年（1834）复任眉州知州。

徐陈谟，湖北蕲水人，进士，道光四年（1824）任眉州知州

弓翊清，河南郑州人，进士，道光六年（1826）四月任眉州知州，道光十二年（1832）二月复任眉州知州，主持重置木假山

张之洞，字孝达，号香涛、香岩，直隶南皮人。同治二年（1863）进士。光绪元年（1875），四川督学使张之洞来眉，倡导修筑云屿楼、抱月亭

杨庆远，云南丽江人，拔贡，光绪十九年（1893）任眉州州判

冯会，江西人，光绪十九年（1893）任眉州知州

民国

陈国栋（1879—1954），字益廷，四川郫县人，川军旅长。民国七年（1918）主持维修三苏祠消寒馆、启贤堂等主体建筑，以及抱月亭、绿洲亭、云屿楼、洗砚池、快雨亭、披风榭等亭台楼阁

余安民（1889—1950），四川崇庆人。1936年，任四川省第四区（眉山）行政督察专员，向四川善后督办刘为呈报，请求驻军撤出三苏祠。更名三苏祠为三苏公园

在东厢房的最后，我们一起看看这段特殊的展陈《灾后大修古祠新生》，它展示了三苏祠以灾后重建为契机，在各级领导和社会的关心支持下，规划、施工等全面维修的过程和成果。

2013年4月20日，雅安市芦山县发生7.0级地震，距震中80公里的三苏祠受灾严重：16处文物建筑受损，地面沉降，山体垮塌，安消防设施毁坏，给排水管道断裂等，地震"新伤"叠加历史"旧病"，对三苏祠实施抢救性保护维修刻不容缓。在各级领导的亲切关怀下，在国家、省文物局和眉山市委、市政府的直接指挥下，在社会各界的大力支持下，2013年8月22日，三苏祠抢救保护维修工程正式开工。

维修人员按照原形制、原结构、原材料、原工艺修复的原则，对三苏祠16处古建筑进行了全面维修。2015年3月通过国家文物局验收。至此，自元代改宅为祠的三苏祠完成了历史上最大规模的保护维修。与此同时，还对祠内路桥、山体、水系、驳岸、植被、管网、人文景点、附属建筑、保护性设施等进行了全面修缮和综合整治，按照"祠堂区恢复故宅家庙，纪念馆现代手法布展"的原则，对三苏纪念馆展陈改造提升。三苏古祠重新焕发勃勃生机。

东厢房中间有一个过厅,将东厢房分为前后两段,从前段的门出来,是东厢房临瑞莲东池的长廊,前段是栏杆配以树木花草,后段设置了飞来椅供游人歇息,站在廊中,我们可以欣赏到瑞莲东池的抱月亭和绿洲亭,尤其是夏日荷塘的一池翠屏。接天莲叶,是苏祠最美的风景。穿过过厅便是东厢房的后段。前文提到过的问题:苏家在这里是怎样生活的?又发生过哪些有趣的事情呢?在此,我们将以一些故事场景为主线,用漆画的形式讲述苏家故事,展示苏氏良好的家教家风。

第一组故事由一组场景和一幅漆画来表现,讲述的是程夫人教子的故事。场景中有苏轼的母亲程夫人、苏轼的姐姐苏八娘以及弟弟苏辙,漆画中则是故事内容的展现。故事的名字叫"学史明志",来源于《宋史·苏轼传》的有关记载:

> 生十年,父洵游学四方,母程氏亲授以书,闻古今成败,辄能语其要。程氏读东汉《范滂传》,慨然太息,轼请曰:"轼若为滂,母许之否乎?"程氏曰:"汝能为滂,吾顾不能为滂母邪!"
>
> ——《宋史·苏轼传》

先说说程夫人。程夫人,大理寺丞程文应之女,苏洵之妻,苏氏兄弟的母亲。生于宋真宗大中祥符三年(1010),卒于宋仁宗嘉祐二年(1057)。十八岁嫁到苏家后,谨守妇职,对长辈孝敬恭顺,礼貌周全;对亲友和家人关心呵护,真诚友善,不因自己出生于大户人家而有丝毫倨傲之态,深得全族人的称赞和喜爱。司马光所作《苏主簿夫人墓志铭》,对她给予了很高的评价:"夫人姓程氏……程氏富而苏氏极贫,夫人入门,执妇职,孝恭勤俭。族人环视之,无丝毫鞅鞅骄倨可讥诃状。由是共贤之……喜读书,皆识其大义。"

程夫人来到苏家后,就居住在眉山城纱縠行街边的一处小院落中，热闹的集市、繁华的商业气氛，改变了苏家原有的生活模式。程夫人是位聪明、贤惠的女人，为了一家人的生活，她变卖了娘家的陪嫁以补贴家用，还毅然担起了家庭经济的重担，在纱縠行经营起了纺织生意。她把生意做得有声有色，没过几年，苏家将这租赁的房子买下了，苏洵三父子也能安心读书了。纺纱车转动的悦耳之声，与书房传出的琅琅读书声，在苏家的小院里此起彼伏。

知书达理的程夫人，对苏氏姐弟精心抚养教育、谆谆教诲，鼓励他们"奋厉有当世志""立乎大志，不辱苏门，也不悔于国家"。程夫人除操持家务外，还担负着孩子们的启蒙教育任务。她亲自教授他们诗书，并经常给他们讲古今成败治乱的故事，培养他们的品德、情操和气节。场景中，坐在床榻前，手持书卷的就是苏氏姐弟的母亲程夫人，在母亲膝前趴着的是苏辙，站在母亲身后的是姐姐苏八娘，站在母亲身旁的是苏轼。程夫人翻开《后汉书》中《范滂传》，开始给孩子们讲述范滂的故事。范滂（公元137—169），字孟博，是东汉时期汝南征羌（今河南郾城东南）人。东汉末年的桓帝和灵帝时代，宦官把持朝政，贪污贿赂，结党营私，草菅人命，范滂是个敦厚质朴、谦让节俭的人，他为官清正，有学问，虽然位卑官小，却很有胆识和才干。他因同情百姓疾苦，抨击奸党豪强而遭到诬陷，惨遭杀害。他愤慨地长叹道："古人循善，自求多福；我今循善，身陷大戮。若我死后，愿将我埋首阳山侧，上不负皇天，下不愧夷齐。"范滂在临刑前，向母亲告别，他对母亲说："母亲，弟弟仲博是个孝顺的孩子，可以尽赡养母亲的责任，儿今天要离开您了，望您老人家不要过分悲伤。"听到儿子的一番话，范母擦干眼泪对范滂说："儿啊，你今天得到的是与李膺、杜密一样的好名声，我还有什么悲伤的呢？名誉与长寿，二者何必一定要兼顾呢？"程夫人讲到这里，发出了长长的感叹之声，她敬重刚正不阿的范滂，更敬重平凡而有骨气的范母。苏轼听到这里，忍不住地扑到母亲怀里，激动地说："母亲，我长大了要做范滂那样的人,你允许吗?"程夫人感动不已地对苏轼说:"你能做范滂那样的人,我难道就不能做范滂母亲那样的人吗?"在母亲的教诲下,刚正不阿、舍生取义、忠心耿耿,一颗正义的种子深深地埋在苏轼姐弟的心中。

漆画中讲述的第二个故事叫"不发宿藏"。

苏家自从搬进了纱縠行,程夫人为苏家的生计着想,也开始在纱縠行经营起蚕丝生意来。有一天,两个女仆在熨烫丝帛时,突然间,双足陷入地中的大坑。原来这深坑中有一个大瓮罐子,上面盖着乌木板。大家都疑惑,罐子里会不会是之前居住在此的人埋藏的宝贝?如果是的话,对苏家来讲,可是个发财的好机会啊!但这份意外之财并没有让程夫人心动,相反,她把家里所有的人,包括苏氏姐弟叫过来,让人将大罐填土深埋,把土夯得严严实实。程夫人用此事教育苏轼兄弟,君子爱财,取之有道。

这个故事出自苏轼撰写的回忆母亲的一篇文章《记先夫人不发宿藏》,事情是这样开始的:苏轼在凤翔为官时,一场冬雪之后,他发现自己住所前的那棵大柳树下,居然一点积雪也没有。天气转晴之后,树下未积雪的地方却突然隆起数寸高。苏轼怀疑是古人埋藏丹药的地方,好奇心使得他想去发掘一下。苏轼的妻子王弗得知他的想法后,就立刻制止他说:"如果母亲在,一定不会让你发掘藏品的!"苏轼听了王弗的话,感到很惭愧,于是打消了发掘藏品的念头。他回想起当年纱縠行老家的那段往事,于是写下了这篇《记先夫人不发宿藏》。正是因为程夫人教导有方,铸就了苏轼兄弟正确的世界观、人生观。

记先夫人不发宿藏

苏轼

先夫人僦居于眉之纱縠行。一日,二婢子熨帛,足陷于地。视之,深数尺,有一瓮,覆以乌木板。夫人命以土塞之，瓮中有物，如人咳声，凡一年而已。人以为有宿藏物，欲出也。夫人之侄之问闻之，欲发焉。会吾迁居，之问遂僦此宅，掘丈余，不见瓮所在。其后吾官于岐下，所居古柳下，雪，方尺不积雪，晴，地坟起数寸。吾疑是古人藏丹药处，欲发之。亡妻崇德君曰："使先姑在，必不发也。"吾愧而止。

第三个故事叫"不残雀鸟"。讲述的仍然是程夫人教子的故事。源自苏轼回忆母亲的文章《异鹊并叙》和《记先夫人不残雀鸟》。

◆ 么凤图（陈恒）

苏轼在诗中说："昔我先君子，仁孝行于家。家有五亩园，么凤集桐花"，园中书房前有一片空地，竹柏丛生，杂花满院。因为苏家的孝慈仁爱，美丽的桐花凤鸟三三两两飞聚于桐树上，与主人和睦相处。母亲程夫人生性善良，厌恶杀生，更不允许残害雀鸟，所以，园子里的雀鸟都不怕人，把巢筑在低枝，巢内的鸟蛋和雏鸟，伸手就可以拿到。特别是一种叫桐花凤的鸟，羽毛红绿相间，美丽极了。它们三五成群翔集在苏家园子中。此事在眉州城内传为佳话。有一天，家中的一只花猫捕着了一只漂亮的桐花凤，可怜的小鸟在猫的利爪下拼命挣扎着，发出凄惨的叫声。虽然苏轼兄弟拼命救护，小鸟也未能幸免。苏轼手捧血淋淋的小鸟不知所措。这时，程夫人来了，问明情况后便教育他们说，做人要有仁爱宽厚之心，这件事让苏轼终生难忘。

异鹊（节选）

苏轼

昔我先君子，仁孝行于家。家有五亩园，么凤集桐花。
是时乌与鹊，巢鷇可俯拏。忆我与诸儿，饲食观群呀。
里人惊瑞异，野老笑而嗟。云此方乳哺，甚畏鸢与蛇。
手足之所及，二物不敢加。主人若可信，众鸟不我遐。

记先夫人不残雀鸟

苏轼

少时所居书堂前，有竹柏杂花，丛生满庭，众鸟巢其上。武阳君恶杀生，儿童婢仆，皆不得捕取鸟雀。数年间，皆巢于低枝，其鷇可俯而窥也。又有桐花凤，四五日，翔集其间。此鸟羽毛至为珍异难见，而能驯扰，殊不畏人。闾里间见之，以为异事。此无他，不忮之诚信于异类也。有野老言，鸟雀巢去人太远，则其子有蛇鼠狐狸鸱鸢之忧，人既不杀，则自近人者，欲免此患也。由是观之，异时鸟雀巢不敢近人者，以人为甚于蛇鼠之类也，苛政猛于虎，信哉！

接下来要给大家讲述的是有关苏洵与妻子程夫人的故事。司马光在为程夫人撰写的《程夫人墓志铭》中，对程夫人有一句极高的评价语"勉夫教子，底于光大"，就是说，程夫人作为女性，将勉夫和教子做到了最好，起到了榜样的作用。故事的名字叫"勉夫发奋"。

苏洵年轻时候，喜欢游历，对功名不是那么在意，读书也就没那么下功夫，他曾参加过两次考试，一次是天圣五年（1027）的礼部贡举考试，那年苏洵十六岁。还有一次是景祐四年（1037）的礼部进士考试，那年苏洵二十九岁。但两次苏洵都没有考中。程夫人从不像别人那样冷眼对他，反而尽量去理解、关心、支持他。她觉得苏洵天资过人，有独立个性，并非"不学"。当时，苏洵的父亲苏序年事已高；大哥苏澹体弱多病，在景祐四年（1037）就去世了；二哥苏涣在外为官，家中的事务理应由苏洵来承担。但为了让苏洵专心读书，程夫人操持家务，教育子女尽心尽力，更可贵的是她能安贫守志，"甘此疏粝"，这点让苏洵深为感动。终于有一天，他对程夫人说："吾自视今犹可学，然家待我而生，学且废生，奈何？"意思是，如果他要静下来，一心一意的学习，可家中的生计又靠谁呢？程夫人盼望丈夫"迷途知返"的这天终于到来了，程夫人说："子苟有志，以生累我可。"即只要你立志苦读，家庭生计的事我来担当，再苦再累也心甘情愿。从此，程夫人毅然担起了生活的重担。她并没有向娘家伸手索要钱财，而是凭借家住眉州城纱縠行的地域优势，开始经营蚕丝。勤劳智慧的她，经营有方，苏家的日子逐渐地好了起来，苏洵三父子也能更安心读书了。苏洵在庆历六年（1046）还参加了一次科举考试，也是名落孙山，从此以后，"悉焚旧稿，绝意于功名，而自托于学术"，同时精心培养二子。苏洵的成就与程夫人对他的勉励和无私的奉献是分不开的。《三字经》说："苏老泉，二十七，始发奋，读书籍"，有学者认为，如果再加上"得妻勉"就更为公正和恰当了。

《苏主簿夫人墓志铭》（节选）

司马光

府君年二十七犹不学，一旦慨然谓夫人曰："吾自视今犹可学，然家待我而生，学且废生，奈何？"夫人曰:"我欲言之久矣,恶使子为因我而学者。子苟有志,以生累我可也。"即罄出服玩鬻之以治生,不数年遂为富家。府君由是得专志于学,卒成大儒。

苏轼、苏辙和姐姐苏八娘生活在苏家的宅院中,他们学习和生活中还有哪些愉快而有趣的事情发生呢?我们继续参观吧。接下来,呈现在我们面前的是一幅苏氏姐弟的美好童年生活画卷。

发生在苏家最有趣的故事就是这幅漆画中讲述的"姐弟猜谜"。

苏轼有个比他年长两岁的姐姐,名叫苏八娘,在眉山是数得上的才貌双全、品学兼优的闺中名媛。姐弟三人从小生活在一起吟诗、作文,其中猜谜语是他们常玩的游戏。

据传一天,苏八娘、苏轼、苏辙姐弟三人正在池塘边玩耍,看见家里请来的木工正在干活,工匠们摆开了阵势正分工干着自己手中的事。苏辙对苏八娘说:"姐姐,你看那些工具,多有意思,我们何不就以今天的一件木工工具来玩一玩这猜谜的游戏,猜中者不能说出谜底,而是用一首诗来回答。姐姐,你看怎样?"苏八娘微笑点点头答应说:"好啊!子由,既然是你出的主意,那就你先来。"

苏辙看了看地上摆着的木工工具,摇晃着头,眉飞色舞地念道:

我有一间房,一半租与转轮王。
平时看不见,用时闪金光。

苏八娘一听就知道弟弟说的是木工用的墨斗,但按照规矩,不能说谜底,聪明的姐姐苏八娘就笑眯眯地念道:

我有一只船,一面摇橹,一面牵。

别时拉纤去，归时摇橹还。

苏辙见哥哥在旁笑而不语，不禁问道："哥哥，姐姐说得对吗？你也来猜猜。"苏轼笑着说："姐姐说得比你的明白，我也用四句话来回答你。"接着苏轼若有所思地娓娓道来：

我有一张琴，琴弦藏腹中。
为君马上弹，弹尽天下曲。

苏轼刚一念完，苏八娘便拍手叫好说："好诗！好诗！用语确切，有气势，就说这'弹尽天下曲'一语双关，这曲既是谣曲之曲，也是是非曲直之曲。人世间的一切事物均有曲直之分，要弹尽天下曲，真是寓意深远，气魄宏大啊！耐人寻味。"子由接着说："要弹尽天下曲，哥哥抱负如此宏伟，将来一定是一位清正廉明的好官。"

苏八娘、苏辙的话十分中肯，事实证明，苏轼一生都在为此努力。

再给大家讲讲苏轼读书的故事，第一个故事叫"东坡懿迹"，出自《范文正公文集序》一文。

苏轼八岁的时候，到眉山天庆观北极院的乡校，这是他入学堂的第一所学校，老师是信奉道教的道长张易简。这位老师颇有些学识，教得也好，当时在那里读书的孩子竟达百人之多，苏轼是其中最拔尖的，经常受到老师的夸奖。

有一天，从京城来了一个人，把石介写的《庆历圣德诗》拿给张易简看，诗是赞颂范仲淹、韩琦、富弼、欧阳修等人的"庆历新政"。张易简兴奋地看着，连连称赞"好诗！好诗！写得好！写得真好！"看着老师那兴奋的样子，苏轼感到十分惊奇。出于好奇，他偷偷地凑到老师身旁观看，看了几遍，便把诗背下来了。诗中所称颂的范仲淹、韩琦、富弼、

◆ 东坡懿迹图（清·邹一桂）

欧阳修等人，苏轼从未听说过，他好奇地问老师："先生，这诗中赞颂的人，都是些什么样的人呢？"张易简见苏轼满脸稚气，就说："这个嘛，你还是个孩子，何必知道呢？"苏轼听了，心中有点不服气地问道："先生，如果这些人是天上的人，那我自然不敢知道他们，但如果他们也和我一样是地上的人，为什么我就不能知道呢？再说，等我长大后也一样会知道的。"老师见苏轼说得有理，表现出聪明和志气，就详细地告诉了他"庆历新政"和韩、范、富、欧阳四位天下豪杰的经历。苏轼听后，顿时肃然起敬，表示一定要像他们一样做人中之杰。

范文正公文集叙

苏轼

庆历三年，轼始总角入乡校。士有自京师来者，以鲁人石守道所作《庆历圣德诗》示乡先生。轼从旁窥观，则能诵习其词，问先生以所颂十一人者何人也，先生曰："童子何用知之？"轼曰："此天人也耶？则不敢知；若亦人耳，何为其不可？"先生奇轼言，尽以告之，且曰："韩、范、富、欧阳，此四人者，人杰也。"时虽未尽了，则已私识之矣。

再讲讲"聪慧少年",故事出自《宋人轶事汇编》中的《爱日斋丛钞》。

苏轼在乡校上了三年之后,父亲又把他和苏辙送到眉山城西寿昌院州学教授刘微之那里读书,教授是个学官的名称,负责以经术、行义训导和考核学生。刘教授是位很有学识的人,州里的学校自然又高一层。

有一天,刘老师将自己的一首得意之作《鹭鸶》吟诵给同学们听,其中有这样两句:"渔人忽惊起,雪片逐风斜"。同学们都称赞老师的诗好,独有苏轼觉得不妥,他认为老师诗中的"逐风斜"没有写出鹭鸶鸟的归宿,就站起来对老师说:"老师,你写的这首诗的确不错,但我想,那些被惊起的鹭鸶又飞往何处去了呢?不如将最后一句改成'雪片落蒹葭'可以吗?"蒹葭就是没有长穗子的芦苇,刘微之听了,觉得苏轼改的诗更贴切,更有意境,赞叹苏轼是一位才华出众的少年。他感叹自己的学识已经无法胜任对苏轼的教学了,他对苏洵讲,自己为有苏轼、苏辙这样出色的学生而自豪,为苏洵有这样的儿子而高兴。

> 眉山刘微之(巨)教授郡城之西寿昌院,从游至百人。苏明允命东坡兄弟师之。时尚幼,微之赋《鹭鸶》诗,末云:"渔人忽惊起,雪片逐风斜。"坡曰:"先生诗佳矣,窃疑断章无归宿,曷若'雪片落蒹葭'乎!"微之曰:"吾非若师也。"其卒也,范蜀公吊以诗云:"案头曾立两贤良。"《颍滨送家安国》诗:"城西社下老刘君,春服舞雩今几人?"正谓此。
>
> ——《爱日斋丛钞》

苏氏家族历史悠久，家学渊源，其高洁的人品千古传颂。战国时的苏秦，有"悬梁刺股"刻苦攻读精神，纵横捭阖的渊博学识，先后使六国拜相；汉代的苏武"杖节牧羊"，不辱使命，是中华民族气节的象征，他们成为苏氏家风的开启者。三苏的祖先苏味道是唐代武则天时期的宰相，后被贬到眉州任职，留下子孙，此后，眉山有了苏姓家族。苏轼的高祖苏杲乐善好施，始终过着简朴的生活，他认为置业太多会贻害子孙。祖父苏序不仅继承了其父亲乐于助人的品行，还积极鼓励儿子们学习上进，报效国家。苏序的大儿子苏澹乡贡进士；二儿子苏涣进士及第，在担任祥符县令时，秉公执法受到包拯的褒奖；小儿子苏洵，虽未有功名，但一介布衣跻身于唐宋八大家之列，成为一代文章宗师，他们的成就与良好的家风密切相关。这幅漆画从五个方面讲述了苏氏优良家风的故事。故事来源于苏轼《苏廷评行状》和《宋人轶事汇编》中的《师友谈记》等。

首先要说的是苏序"交朋结友，急人患难"。苏序是一位豪侠之士，他与眉山城里的老老少少都能成为朋友，经常与友人一起饮酒谈笑，还特别乐于助人。苏轼在文章中说到"急人患难，甚于为己"，只要能帮上忙，苏序都会尽心尽力。

再说苏序"积粟救灾，乐善好施"。苏序乐善好施，这在眉山城几乎人人皆知。苏轼在文章中记述了爷爷苏序积粟救灾的故事；苏序凭借他对历法的了解和推算，在自家的田地中种上了粟米，粟与谷物相比，不易霉烂变质，更宜储藏，许多人以为苏序是要屯粮居奇。可没想到的是，两年后，四川的许多地方真的发生了特大的旱涝灾害，苏序就将自己家中储存的粟米拿出来赈济救灾。他的乐善好施之举名动乡里，这也是苏序平生最引以为傲的一件事。

对待自己的三个儿子，苏序采取了"因势利导，启迪感化"的方法因材施教。小儿子苏洵考试不中，喜欢游历，乡里乡亲对他的"游荡不学"多有议论，而苏序表面上是"纵而不问"，他了解自己的儿子是一位聪明好学的人，游历山川是为了开阔视野，增长见识。苏洵非常感激父亲对自己的理解，在父亲的感化下、在二哥苏涣的启迪下、在夫人的勉励下，闭门谢客，发奋攻读，终成大器。

对待荣耀门第的事情，苏序又是怎样的态度呢？那就是"荣华富贵，化作平常"。苏家是眉山的名门望族，可苏序从不以高门大户自居，即使是儿子苏涣考中进士，皇榜送至家门，他也不炫耀。当年苏涣中进士，全城轰动，眉山城的人都纷纷出来看热闹，迎皇榜。苏序正好在回城的路上遇上了，他向差役道过谢，接过了苏涣的进士皇榜，随手放在肩上的褡裢中，倒骑着毛驴，哼着小曲，悠悠闲闲地回城了。外表看似平常，内心的喜悦只有他自己才知道。后来，苏涣回眉山时，苏序则到剑门关去迎接他。

苏家是一个和谐、幸福的大家庭，"天伦之乐，其乐融融"就是苏序的晚年生活。苏序有三个儿子，七个孙子，一家人其乐融融，孙子们围绕在爷爷身边，苏序享尽了天伦之乐。特别是苏轼，继承了苏序豪爽的性情、仗义执言的勇气，深得爷爷喜欢。他上树捉鸟、下河摸鱼、田间骑牛，甚至还骑在爷爷的背上玩耍。在爷爷眼中，苏轼是最聪明、最有出息的孩子。

公讳序，字仲先，眉州眉山人。其先盖赵郡栾城人也。曾祖讳钊，祖讳祐，父讳杲，三世不仕，皆有隐德。自皇考行义好施，始有闻于乡里。至公而益著，然皆自以为不及其父祖矣。皇考生于唐末，而卒于周显德。是时王氏、孟氏相继王蜀，皇祖终不肯仕。尝以事游成都，有道士见之，屏语曰："少年有纯德，非我莫知子。我能以药变化百物。世方乱，可以此自全。"因以面为蜡。皇祖笑曰："吾不愿学也。"道士曰："吾行天下，未尝以此语人，自以为至矣。子又能不学，其过我远甚。"遂去，不复见。

公幼疏达不羁，读书，略知其大义，即弃去。谦而好施，急人患难，甚于为己。衣食稍有余，辄费用，或以予人，立尽。以此穷困厄于饥寒者数矣，然终不悔。旋复有余，则曰："吾固知此不能果困人也。"盖不复爱惜。凶年鬻其田以济饥者，既丰，人将偿之。公曰："吾固自有以鬻之，非尔故也。"人不问知与不知，径与欢笑造极，输发府藏。小人或侮欺之，公卒不惩，人亦莫能测也。

李顺反，攻围眉州。公年二十有二，日操兵乘城。会皇考病没，而贼围愈急，居人相视涕泣，无复生意。而公独治丧执礼，尽哀如平日。太夫人忧甚，公强施施解之曰："朝廷终不弃，蜀贼行破矣。"

庆历中，始有诏州郡立学，士欢言，朝廷且以此取人，争愿效职学中。公笑曰："此好事卿相以为美观耳。"戒子孙，无与人争入学。郡吏素暴苛，缘是大扰，公作诗并讥之。以子涣登朝，授大理评事。

庆历七年五月十一日终于家，享年七十有五。以八年二月某日葬于眉山县修文乡安道里先茔之侧。累赠职方员外郎。娶史氏夫人，先公十五年而卒，追封蓬莱县太君。生三子。长曰澹，不仕，亦先公卒。次曰涣，以进士得官，所至有美称。及去，人常思之，或以比汉循吏。终于都官郎中利州路提点刑狱。季则轼之先人讳洵，终于霸州文安县主簿。涣尝为阆州。公往视其规画措置良善，为留数日。见其父老贤士大夫，阆人亦喜之。晚好为诗，能自道，敏捷立成，不求甚工。有所欲言，一发于诗。比没，得数千首。女二人。长适杜垂裕，幼适石扬言，孙七人：位、佾、不欺、不疑、不危、轼、辙。

闻之自五代崩乱，蜀之学者衰少，又皆怀慕亲戚乡党，不肯出仕。公始命其子涣就学，所以劝导成就者，无所不至。及涣以进士得官西归，父老纵观以为荣，教其子孙者，皆法苏氏。自是眉之学者日益，至千余人。然轼之先人少时独不学，已壮，犹不知书。公未尝问。或以为言，公不答。久之，曰："吾儿当忧其不学耶？"既而，果自愤发力学，卒显于世。

公之精识远量，施于家、闻于乡间者如此。使少获从事于世者，其功名岂少哉？不幸汨没，老死无闻于时。然古之贤人君子，亦有无功名而传者，特以世有知之者耳。公之无传，非独其僻远自放终身，亦其子孙不以告人之过也。故条录其始终行事大略，以告当世之君子。谨状。

——苏轼《苏廷评行状》

又曰："祖父嗜酒，甘与村父箕踞高歌大饮。忽伯父封告至，伯父登朝，而外氏程舅亦登朝。外父甚富，二家联姻，皆以子贵封官。程氏预为之，谓祖父曰："公何不亦预为之？"太傅云："儿子书云，作官器用亦寄来。"一日，方大醉中，封官至，并外缨、公服、笏、交椅、水罐子、衣版等物。太傅时露顶，戴一小冠子，如指许大。醉中取告，箕踞读之毕，并诸物置一布囊中。取告时，有余牛肉，多亦置一步囊中，令村童荷而归，跨驴入城，城中人闻受告，或就郊外观之。遇诸途，见荷担二囊，莫不大笑。程老闻之，面诮其太简。惟有识之士奇之。

——李方叔《师友谈记》（节选）

笔者精选了几组发生在苏家的故事，让大家感受苏氏优良的家教家风。其实，在苏家很有影响力，甚至影响三苏父子一生的人是苏洵的二哥，也就是苏氏兄弟的二伯父苏涣。

宋代著名文学家曾巩用"蜀人荣之"来评价苏涣，说他是四川人引以为荣的人。在曾巩为苏轼祖父苏序撰写的《赠职方员外郎苏君（序）墓志铭》中称："蜀自五代之乱，学者衰少，又安其乡里，皆不愿出仕。君（苏序）独教其子涣受学，所以成就之者甚备。至涣以进士起家，蜀人荣之，意始大变，皆喜受学。及其后，眉之学者至千余人，盖自苏氏始。"让我们一起来了解苏涣，解开"蜀人荣之"的答案。

苏涣生于宋真宗咸平三年（1000），字公群，晚年字文甫，仁宗天圣二年（1024），苏涣二十四岁进士及第，历任凤翔宝鸡主簿、凤州司法、阆州通判、祥符知县、利州路提点刑狱等。苏涣著有《南麓退翁》和《苏氏怀章记》。

四川，古称蜀国，李白在诗中曾言道"蜀道难，难于上青天"，道路的艰险，盆地的局限，四川与外界相对隔绝，略微封闭，而经过五代十国的战乱之后，四川的读书人愿意出仕为官的就更少了，即使有学问的人也隐居于乡里，不想出来做官。苏家也是这样，苏辙在《伯父墓表》中开篇就说道："苏氏自唐始家于眉，阅五季皆不出仕。盖非独苏氏也，凡眉之士大夫修身于家，为政于乡，皆莫肯仕者。天禧中，孙君堪始以进士举，未显而亡。士犹安其故，莫利进取。"苏家从唐代苏味道迁至眉州起，至此也有五代人没有求取过功名、做过官吏了，也就是说，苏味道从唐中宗神龙年间贬为眉州刺史，至宋仁宗天圣年间苏涣得中进士，苏家已经平淡无奇的生活了二三百年了！但这并不是苏家一家的现象，眉州的士大夫家族，注重修身于家，为政于乡，但都不愿出仕为官，成为一种普遍现象。所以，眉州人都安于故土。可苏轼的祖父苏序却做出了与众不同的举动，他自己虽然学问不多，但深明大义，洞察时势，他认为，"莫肯仕""犹安其故"于国于家都不好，而且，苏家祖上远的不说，就唐代苏味道，那也是官位又高，学问又大的人，是苏家的荣耀，这个光荣传统理应继承和发扬光大，所以，苏序力促自己的三个儿子努力读书，考取功名。数年之后，大儿子苏澹举乡贡进士；季子苏涣进士及第；小儿子苏洵，以一介布衣跻身唐宋八大家之列。

仁宗天圣二年（1024），眉州苏氏家族的苏涣和程氏家族的程浚同榜进士及第，轰动整个眉山城，可以说是影响巨大。苏辙《伯父墓表》："明年登科，乡人皆喜之，迓者百里不绝。"苏涣的出仕为官，让眉山的父老乡亲改变了旧时的想法，苏辙在文章中说："一乡之人欣而慕之，学者自是相继辈出。至于今，仕者常数十百人，处者常千数百人，皆以公为称首"。苏轼在《苏廷评行状》中讲："及涣以进士得官西归，父老纵观以为荣，教其子孙者，皆法苏氏。自是眉之学者日益，至千余人。"苏涣无疑是眉州士子的榜样。眉山人以苏涣为荣，并且效法苏家让子孙读书学习，学子有上千人之多。苏轼在《谢范舍人书》中回忆道："自孟氏入朝，民始息肩，救死扶伤不暇，故数十年间，学校衰息。天圣中，伯父解褐西归，乡人叹嗟，观者塞涂。其后执事与诸公相继登于朝，以文章功业闻于天下。于是释耒耜而执笔砚者，十室而九。比之西刘，又以远过。"蜀灭亡之后，老百姓忙于生产生活，无暇顾及读书作文，学校也衰败了。苏涣的科举及第，让家乡的人们感叹，重新开启了读书取士之风。许多读书之人像苏涣一样，踏入仕途，入朝为官，以文章功业闻于天下。在这样的影响之下，耕读传家的眉山学子，十家有九家都放下农具拿起书本，读书作文，求取功名。事实上，两宋年间的眉州八百进士，可以说是历史上科举取士中无法超越的高峰，而苏涣就是眉州士子的领军者，"蜀人荣之"也就是理所当然的了。

这是我们讲的眉山发生的变化，按常理，三苏父子受到的影响会更大。事实也是如此。苏涣从小就非常聪明且勤奋好学，苏轼、苏辙对伯父非常崇敬，苏涣外出为官时，兄弟俩还未出生，直到苏涣在庆历七年（1047）回乡为其父苏序守孝时，苏轼、苏辙两兄弟才第一次在家中见到伯父。他们对伯父印象最深，而且，对他们影响最大的一件事，就是伯父传授的学习方法。苏辙在为苏涣撰写的《伯父墓表》中就讲道："公少颖悟，职方君自总以家事，使公得笃志于学，其勤至手书司马氏《史记》、班氏《汉书》。公虽少年，而所与交游皆一时长老，文词与之相上下"。苏辙讲到的这个特别重要的学习方法，就是抄书。苏轼就效仿伯父抄书的方法，一生中手抄《汉书》三遍，在黄州时期，苏轼已经是了不起的文人了，还在手抄《汉书》，让许多人不解和疑问。苏轼解释说："每一过专求一事，不待数过，而事事精窍矣"，意思是学无止境，经典书籍饱含着多方面的丰富内容，人们可以从不同的需要或不同的角度反复研读以解决不同的问题。苏轼将这种学习方法称之为"八面受敌"读书法。苏涣还教导苏轼兄弟，读书作文每天有一定的量，不完成不罢休，到外游览，要遵守规矩，在家中也不能怠惰。否则的话，别人就会疑问你，如何算得上儒家弟子。苏涣希望他们能做到"师吾之寡过"。

> 辙幼与兄轼，皆侍伯父，闻其言曰："予少而读书，师不烦。少长，为文日有程，不中程不止。出游于涂，行中规矩。入居室，无惰容。非独吾尔也，凡与吾游者举然。不然，辄为乡所摈，曰：'是何名为儒？'故当是时，学者虽寡而不闻有过行。自吾之东，今将三十年，归视吾里，弦歌之声相闻，儒服者于他州为多，善矣。尔曹才不逮人，姑亦师吾之寡过焉可也。"皆再拜曰："谨受教。"
>
> ——苏辙《伯父墓表》

苏涣二十四岁考中进士时，苏洵已有十五岁，苏洵说："吾后稍长，亦稍知读书，学句读，属对声律"，苏洵发奋攻读，求取功名，很大程度上是受哥哥苏涣的影响。后来，苏洵参加了两次科举考试均落榜了，苏涣则鼓励他继续攻读，特别是庆历七年（1047）苏洵考试落榜，苏涣得知后作诗相送。

苏涣是一位勤政廉洁的好官。苏涣进士及第后,最初担任的是凤翔宝鸡主簿,天圣七年(1029)为凤州司法,后任阆州通判,皇祐三年(1051)任祥符知县,嘉祐年间出任利州路提点刑狱等。无论在什么样的官位上,他都敢于直言,执法公正,受到"包青天"包拯的赞扬。我们搜罗了一些例证。

首先是"不徇私情"。苏涣在任凤州司法的时候,王蒙正是凤州知州,因为与章献太后有姻亲关系,王蒙正时常仗势欺人,骄傲蛮横。他得知苏涣是一位贤能之人,便曲意逢迎,表面上以礼相待,把郡中的许多事物都托付给苏涣管理,苏涣虽然因为职务关系与他有接触,但是很鄙视他的为人。王蒙正曾经向朝廷举荐苏涣,又给权贵写信,说苏涣是可用之才。苏涣得知后,让郡中驻京办事机构的官吏压下王蒙正的奏章,并把王蒙正写给权贵的私人信件藏起来。不久,王蒙正失势落马。人们称赞苏涣正直,不徇私情。

再说说"断案精明"。苏涣在开封作士曹时,治下的雍丘县有个老百姓死在了监狱里,县里的官吏害怕担责任,说那人是得病死的。州府派人审理这个案子,可经过好几个人审理也没有结果。苏涣去了之后,经过一番周密的调查,最终查明真相,给死于狱中的百姓申了冤。苏涣在作衡州知州时,耒阳县有一人被盗贼所杀,但凶手一直没有捉到,有一天,一个县尉带来一人,说此人是盗贼。经过观察和分析,苏涣发现了许多疑点,就问这名县尉是如何捉到盗贼的。县尉回答说:"弓手见血衣草中,呼其侪视之,得其居人以献。"意思是弓箭手在草丛中发现了血衣,就呼喊大家一起去看现场,结果就抓住了这个人。苏涣反问道:"弓手见血衣,当自取之以为功,尚何待他人,必此为奸。"如果弓箭手发现了血衣,理当自己取到这一证据回衙署邀功,何必要呼叫你们一起去呢?这不合常理。后来苏涣果真捕获到了真凶,确实另有其人,衡州的人都把苏涣当作神奇之人。

还有"秉公执法"。苏涣秉公执法曾受到包拯的称赞。

那是在苏涣担任祥符知县时，祥符地处天子脚下，多有富贵之家，动辄牵动王公贵胄或皇亲国戚，苏涣均徭赋，平争讼等方面都处理得恰当，这是一件不容易的事情。有这样一件事情特别值得一说：乡里有个抄写吏员张宗，长期作奸犯科，以权谋私。苏涣上任后，张宗就借口有病，不久就辞职了，但却引荐儿子代替他刀笔小吏的工作。因不合朝廷录用要求，苏涣拒绝了张宗。张宗向来巴结了不少权贵，就向州府申诉，州府发函给祥符县，苏涣把张宗打了一顿棍子。不久有地位比较高的宦官来到州府传达皇帝的旨意，让张宗担任书手，苏涣根据法律不接受诏命。又有一个宦官来说："即使不合法，也一定要给予他这个职位。"苏涣对府尹李绚说："一个平民百姓却能如此扰乱法律。府中也不能办成什么事了，你为什么不用县里不同意的原因来争辩呢。"李珣听了苏涣的话很惭愧，第二天入朝上奏实情，皇上派人查明了此事。这件事情使整个府中都很震动。孝肃公包拯见到苏涣，赞叹道："你凭借着一个县令的身份能够这样，比那些言事官强太多了！"

还有他的"勤政为民"和"奖掖人才"。苏涣任凤州司法时，西夏人不断侵扰大宋边境，政府需要赎买民间的马匹来扩充骑兵。府尹把此事交给苏涣，苏涣按要求征用好所需的全部马匹，并且没有扰乱百姓和增加百姓负担。虽然看起来是一件处理轻松的政务，实际上是用心为民办事的结果。苏涣还善于发现人才，阆中人鲜于侁，年少时喜欢学习，行为纯正踏实。苏涣对他非常关照，把他作为地方举荐的人选，他得以进入仕途。苏涣鼓励他，期望他做一个清正廉洁的官吏。后来鲜于侁官至谏议大夫，号称名臣。

苏涣开蜀人好学进取之风；传苏家孝慈仁爱家风；守为官勤政廉洁之根本。就像苏辙评价的那样："学者自是相继辈出……皆以公为称首"。"及其为吏，能据法以左右民，所至号称循良。"苏涣是我们永远引以为荣的先贤、榜样。

启贤堂

QI / XIAN / TANG

　　出了东厢房,我们来到的是三进四合院的第二进。这里有供奉苏氏祖先牌位的启贤堂、苏家遗迹苏宅古井和并蒂丹荔,还有充满人文气息的快雨亭。启贤堂是苏家"家有五亩园"的中心地,"启贤堂"原匾为清代人题词,现为原中联部副部长李一氓于1979年补书。"启贤"有承前启后之意。门枋对联"门前万竿竹,堂上四库书"是1983年著名书画家、眉山乡贤杜重划集东坡诗句撰写,此联再现三苏故居门前栽种翠竹万竿、家中珍藏万卷诗书的书香人家风韵。进入启贤堂

◆ 启贤堂

内，我们首先看到的是高高悬挂的司马光题"奕世荣昌"的匾墨迹，说明苏家有着源远流长的荣耀历史。中间端坐的是眉派始祖，三苏的祖先苏味道。苏味道是河北赵州栾城（今河北栾城县）人，从小聪明好学，九岁时就能写出好文章，与他的同乡李峤以文辞知名，被当时人合称"苏李"。进士及第之后，苏味道担任过咸阳尉。唐延载元年（694），苏味道历任凤阁舍人、检校凤阁侍郎、同凤阁鸾台平章事。唐中宗神龙元年（705），苏味道被贬为眉州刺史，有一子苏份留于眉山，眉山从此有了苏姓一族。苏味道塑像旁的中柱，挂着一副对联"金生丽水三苏怀乡系赵郡；玉出昆岗眉山发迹源栾城"。撰联者是中国人民大学教授朱靖华先生，眉山籍书法家伍中一书写。对联赞誉苏氏家族源远流长的历史，眉山派是底蕴深厚、声名显赫、影响后世的苏氏家族之一。苏味道塑像两边的神龛，供奉从唐代至明清代以来的眉派苏姓名人。

苏氏家族有着怎样悠久的历史呢？通过这个列表，我们可以有一些基本的了解。

苏氏的家族是传说中黄帝之孙颛顼帝（即高阳氏）之后裔。高阳氏的六世孙昆吾樊的儿子被分封到一个名叫"苏"的地方，说法之一是今河北的临漳县。我国历史上的苏姓一族，以此为始。"苏"字是中国最古老的文字之一，繁写的"蘇"字由草字头、鱼和禾字组成，代表了原始的农业和畜牧业，具有农耕文化的特征。从姓氏学来讲，苏姓是中国古老的姓氏之一。苏氏受姓后，至西周时期，苏氏家族出现了与周公、召公齐名的司寇苏忿生，他们都是西周的开国功臣。战国时期的苏秦，以合纵之说拒秦，成为纵横家的代表，六国拜相，显赫一时，西周和战国时期是苏氏家族史上的第一个兴盛时期。

进入汉代，苏氏家族的发展情况如何呢？有一个关键人物必须要给大家讲一讲，这个人就是平陵侯苏建。他是汉代陕西武功杜陵（今陕西武功县）人，因随车骑将军卫青征伐匈奴有功，以一千一百户封为平陵侯。苏建的二儿子苏武，出使匈奴，杖节牧羊，不辱使命，"扬名于匈奴，功显于汉室"而受封关内侯，画像于麒麟阁，得到汉王朝的最高荣誉，留名青史，后归葬陕西武功。苏氏家族以苏武为始祖，称"武功苏氏"，经过繁衍发展，在汉代形成了六支，分别是赵郡苏氏、襄阳苏氏、武邑苏氏、武疆苏氏、蓝田苏氏、河南苏氏。赵郡苏氏是指东汉冀州刺史苏章的这一支系，他的后人在邯郸，就是现在河北邯郸做官定居，从此赵郡有了苏姓，这一支就是三苏父子的祖先。经过了汉初至唐初的八百多年的迁徙和发展，唐代苏氏家族融合成三派，也就是蜀派、闽派、眉派。眉派始祖苏味道，在眉州任刺史，留有一子苏份

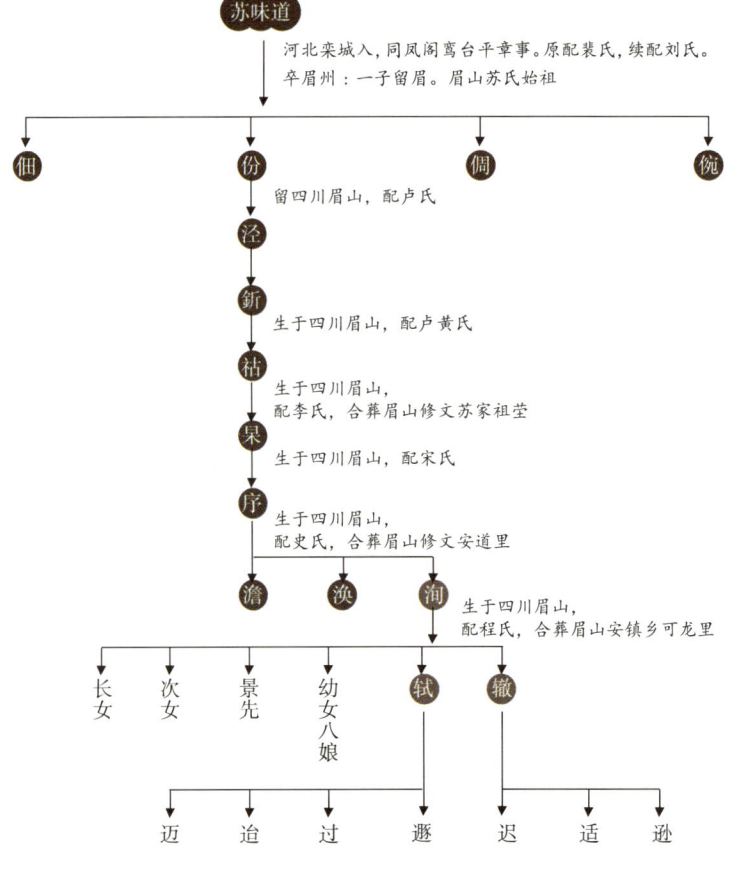

◆ 眉山苏氏世系简表

居眉州，称眉派，又称眉阳派。这三个派系中，现在主要是闽派和眉派后裔居多。

《眉山苏氏世系简表》主要以简表形式向大家介绍从唐代苏味道起至宋代苏轼、苏辙后三代的基本情况。苏味道在唐武则天时期担任过副宰相，就是表上所指的"同凤阁鸾台平章事"，原配夫人裴氏，续配夫人刘氏，贬到眉山刺史后，他的儿子苏份留在了眉山，从此，眉山有了苏姓一族。从苏份到苏釿的近百年里，没有太多的记载。从苏祜至苏序，苏家又度过了"三世不仕"的近百年。直到深明大义的苏序，鼓励儿子们积极入仕，才创造了属于苏家的宋代文学史上的辉煌时代。苏洵与夫人程氏，共育有子女六人，只有幼女八娘和苏轼、苏辙成长起来。苏轼有三子：苏迈、苏迨、苏过；苏辙也有三子：苏迟、苏适、苏逊。这六位苏家子弟的情况，我们通过六幅画像来介绍。

苏迈（1059—1119），字伯达，苏轼长子，为苏轼前妻王弗所生，善为诗文，"豪迈虽不及其父，而问学、语言亦胜他人子也"。元丰七年（1084），苏迈任饶州德兴尉，有政绩，后人立"景苏堂"。元祐年间，苏迈任东京开封府酸枣尉、两浙路衢州西安县丞、河北东路雄州防御推官知河间县事。绍圣元年（1094），苏轼贬官岭南，苏迈居住在宜兴，后来他移居颍昌。大观元年（1107）苏迈出任嘉禾令，政和二年（1112）罢归颍昌，终年六十一岁，葬郏县。苏迈娶中书舍人石昌言孙女石氏为妻，有子五人：箪、符、箕、筌、筹。

苏迨（1070—1126），字叔寄、竺僧，改字仲豫，苏轼次子，为苏轼续配夫人王闰之所生。苏迨好学尚古，擅长"论古今事废兴成败"，号称"得坡舌"。十二岁时，"侍先君杖履，往来于樊口甚数"。元祐元年（1086）官承务郎，后官驾部员外郎。后苏轼贬岭南，苏迨居宜兴，终年五十六岁。苏迨娶欧阳修孙女为妻。有一子箕。箕无后，苏岘（苏过孙）过继给苏箕为后。

苏过（1072—1123），字叔党，小名似叔，苏轼幼子，为苏轼续为苏轼配夫人王闰之生。苏过以孝敬著称宗族，善为诗文，号称"得坡笔"，初任右承务郎，长期随侍苏轼身边，对其晚年生活颇多照顾。苏轼去世后，苏过闲居颍昌十年，四十岁时监太原税，三年后知郾城县，宣和五年（1123）权通判中山府，皆有政绩，终年五十一岁，葬郏县。著作有《斜川集》二十卷行世，书法、绘画也颇擅长，人称"小坡"。娶范镇孙女、范百嘉之女范氏为妻，生子七人：籥、籍、节、笈、簟、籨、竺；孙男二人：峤、岘。

苏迟（？—1155），字伯充，号涌泉先生，小名梁，苏辙长子。善为文，长于诗。绍圣元年（1094）留居颍昌。南宋建炎二年（1128），以右朝散大夫直秘阁知婺州（今江西），奏减上供罗额，父老立生祠。后召为中书门下检正诸房文字知泉州、太常少卿、集贤殿修撰知处州。权刑部侍郎、权工部侍郎。绍兴五年（1135）告老，充徽猷阁待制，提举江州太平观。绍兴二十五年（1155）卒，享年约八十岁，赠少傅。娶宋状元梁颢之曾孙女梁氏为妻，有子三人：籀、简、策。

苏适（1068—1122），字仲南，小名罗，苏辙次子。善理财，政事精敏。初以郊恩授承务郎，任郊社局令。苏辙贬岭南，"仲南移疾而归，求田问舍，缩衣节口，以备南北养生之具"。苏辙北归，苏适复出守太常寺太祝，后通判广信军，官至承议郎。娶龙图公黄寔之女为妻，有子三人：莒、范、筑。

苏逊（1074—1126），原名远，字叔宽，小名虎儿，苏辙幼子。长于文，作诗类东坡。随父辙至雷州，大观元年（1107），监淮西酒，通判泸州潼州府。尝为《古史》作注，协助苏辙改定《春秋集解》。娶龙图公黄寔之女为妻，有子四人：筠、箴、箱、簦。

苏宅古井

SU / ZHAI / GU / JING

　　三苏祠是苏氏家族的祠堂，但也是对外开放的公祭祠堂，从元代改宅为祠以来，祠堂风貌和建筑形成了独特的风格，但苏家的家居遗存仍然在祠堂里保留着，位于启贤堂前院落中的苏宅古井，就是保存至今的苏家遗迹之一。这口蕴育三苏成长的宝井，据说井水源头与眉山著名的蟆颐观山中的老人泉眼相

◆ 苏宅古井

通，井水清纯甘洌，从不枯竭。人若饮此井水，会耳聪目明；若勤于攻读，必成大器。在20世纪80年代之前，这口古井一直在使用，三苏祠所有生产和生活用水，还有祠内大茶馆的用水，几乎都依赖于这古井的清澈之水，甚至有游客用井旁打水的竹竿，用小刀挖出一小洞，放入井中取水解渴。1982年，时任国防部长的张爱萍将军在参观三苏祠时，曾绕着苏宅古井走了三圈，感叹地说："我真想知道，这口井是怎样蕴育出三个大文豪的！"罗马尼亚文化代表团的诗人在他的题留中写道："我们今天非常荣幸地喝到诗歌般的清泉之水。"

看到苏宅古井，不知大家是否注意到了井旁的这棵黄荆树？这可是一株千年黄荆啊！虽然树的主干已经成了千年木化石，但它的周围新枝绿叶却层出不穷。黄荆树在眉山俗称黄荆条，是一种落叶灌木，南方一般做柴火用，北方用来编筐篮为多。位于苏宅古井旁的黄荆树能成材，堪称一大奇观。我们四川人有这样一句俗语"黄荆条子出好人"，意思就是，不打不成才。苏洵夫妇将黄荆树种于宅院中，寓意着对苏轼兄弟的鞭策和鼓励吧！

并蒂丹荔

BING / DI / DAN / LI

在苏宅古井边道路旁的空地上,有一棵生长茂盛的荔枝树,距离此树不远处有一株古老的荔枝树化石。据说,这就是苏家的珍贵遗存之一——"并蒂丹荔"。从文献记载来看,眉山本地并不盛产荔枝,但眉山却是纬度最高的能种植荔枝的地区。大家看到的这株荔枝活化石,在20世纪八九十年代,还有许多存活的枝干,后来荔枝树逐渐地老去,变成了一棵由两人才能合抱的荔枝树化石,供人们瞻仰。每当我们走近它,睹物思人,就会想起苏轼当年在家乡栽种荔枝的情景。

宋神宗熙宁元年(1068),苏轼三十岁,在眉山为父亲苏洵守丧期间,与王庆源、杨君素、蔡子华三位长辈有往来,相处甚好。苏轼将离眉山时,在家中栽种了荔枝树,并与他们约定,荔枝树长成就回归家乡眉山。但世事难料,苏轼这一去,便再也没有如约回到家乡!二十年的光阴一晃而过,苏轼在写

◆ 并蒂丹荔

给叔丈人王庆源的书信中说:"知宅酝甚奇,日与蔡子华、杨君素聚会。每念此,即致仕之兴愈浓也。"想到家乡的亲人,想到家乡的荔枝树,苏轼的致仕之情就愈加浓厚。元祐五年(1090)二月七日,苏轼在杭州任知州,写了一首诗,寄给家乡的蔡子华。

寄蔡子华

故人送我东来时,手栽荔子待我归。
荔子已丹吾发白,犹作江南未归客。
江南春尽水如天,肠断西湖春水船。
想见青衣江畔路,白鱼紫笋不论钱。
霜髯三老如霜桧,旧交零落今谁辈。
莫从唐举问封侯,但遣麻姑更爬背。

苏轼诗中的故人指的是王庆源、蔡子华和杨君素,也就是诗中的"三老",王庆源是苏轼的叔岳丈,蔡子华是苏轼的叔丈,杨君素是苏轼的表叔。当年,他们栽种荔枝树,送苏轼出川为官,希望荔枝成熟时,苏轼就能致仕返乡,可如今,荔枝已经红了,苏轼的头发也已白了,可仍然独在异乡为异客。"青衣江""白鱼""紫笋",家乡的山水,家乡的风物,以及家乡亲人的期盼,还有随缘自适的生活,是苏轼最向往的。"莫从唐举问封侯,但遣麻姑更爬背"是苏轼引用的两个典故,也说明苏轼心中向往的闲适自在的生活。唐举是战国时期一个善于相面的术士,在《史记·范雎蔡泽列传》中说,蔡泽让唐举看相,不看能做多大官,只看能活多少年,唐举说他还能有四十三年的寿源,蔡泽表示很知足。麻姑的故事出自葛洪《神仙传》,说东汉桓帝时期,仙人王方平降于蔡经家,蔡家的麻姑年十七八,很美,蔡经见麻姑手指纤细似鸟爪,就自言自语说:"背大痒时,得此爪爬背,当佳。"这也是一种悠闲自在的心

◆ 苏祠荔枝

态。苏辙与哥哥一样,他在诗中写道:"我欲明年修桑梓,为赏庭前荔枝丹"。荔枝所表达的是他们悠悠的思乡之情。

几年前,三苏祠在苏轼当年栽种荔枝的原址上补种了一株荔枝树。2017年初夏,火红的荔枝挂满了枝头,引得无数游人驻足、文人墨客感叹。

快雨亭

KUAI / YU / TING

位于荔枝树旁边的这座房屋叫快雨亭，"快雨亭"匾额由清代著名书法家何绍基题写，还有一段跋文：

> 眉州试竣，宴集三苏祠，方值炎热，狂雨骤至，余与襄校诸君皆欢饮至醉。主人廖仁甫司马，陈恺人大令喜甚，属篆此额以记东，时癸丑五月十一日，次日即往嘉定矣。道州何绍基。

快雨亭匾及跋文向我们说明了亭宇的由来。清咸丰三年（1853）五月，即匾额上所说的癸丑年，时任四川学政使，相当于现在的省教育厅长职务的何绍基，考察了眉州试院。十一日，何绍基受眉州的两位长官廖仁甫司马和陈恺人大令的邀请，宴集于三苏祠荷塘畔的这座房屋中。农历的五月，已是炎热的夏季，主客们宴集一堂，兴致盎然，以至于欢饮至醉。正在此时，突遇一场骤雨从天而至，让人顿时感受到了东坡诗中"雪飞炎海变清凉"的惬意，众人大呼，快哉！雨也！在何绍基的倡议下，这座房屋形式的建筑名称由此而来——快雨亭。

快雨亭悬挂有二副对联，其一为福建莆田人、嘉庆年间进士、官至礼部尚书的郭尚先撰写的"墨池烟润花间露；茗鼎香浮竹外云"。此联描述的是三苏祠内一种清雅的意境：墨池的云烟化成了露珠，滋润着芳香的花朵；茗鼎里煮着的香茶，那阵阵的清香弥漫在修竹之上的天空中。二是道光年间举人、清代诗联家陈钟祥撰联的"倘仙魄归来,湖山亦觉故乡好;与邦人偕乐,亭宇何妨以雨名"。此联感叹苏轼热爱家乡,其魂魄时时萦绕在家乡的湖山胜迹,似杖履幅巾与乡人共乐。

◆ 快雨亭

快雨亭内是书房的陈设,有何绍基的生平介绍。何绍基(1799—1873),字子贞,号东洲,别号东洲居士,晚号蝯叟,道州(今湖南道县)人,清代诗人、书画家,清道光年间进士,历任翰林编修、四川学政使等,著有《东洲草堂金石跋》《惜道味斋经说》《说文段注校正》等,传世书法甚多。

快雨亭中悬挂了何绍基手书的苏东坡词四条屏,书写于清代同治二年(1863)。整篇布局很特别,也是这组条屏的最大特点,第一首词书体较大,占四条屏中的第一条和第二条,后两首词占四条屏中的三四条。款识:东坡词。为茸农前辈世大人雅鉴,癸亥暮春,侍何绍基。钤印二枚:"何绍基印""子贞"。这一年何绍基六十四岁,可谓人书俱老,个性鲜明,堪称何绍基作品中的力作。苏东坡的三首词均为东坡的代表作品,何绍基将东坡词书写赠送前辈，可见其对东坡的敬重。何绍基所书的苏轼词首分别为：《水调歌头·黄州快哉亭赠张偓佺》《西江月·梅花》《临江仙·夜归临皋》。

水调歌头·黄州快哉亭赠张偓佺
苏轼

落日绣帘卷，亭下水连空。知君为我新作，窗户湿青红。长记平山堂上，欹枕江南烟雨，渺渺没孤鸿，认得醉翁语，山色有无中。

一千顷，都镜净，倒碧峰。忽然浪起，掀舞一叶白头翁。堪笑兰台公子，未解庄生天籁，刚道有雌雄。一点浩然气，千里快哉风！

词作于宋神宗元丰六年（1083），苏轼被贬黄州后。题为"黄州快哉亭赠张偓佺"，张偓佺即苏轼的好友张怀民，当时也谪居黄州，张请苏轼到新修的亭宇一游，苏轼将其命名为快哉亭，苏辙作《黄州快哉亭记》。这首词有其独到的特色，它把写景、抒情和议论融为一体，表现苏轼身处逆境，泰然处之，大义凛然的精神，以及词作雄奇奔放的风格。全词通篇描绘了亭上、江上所见之壮美景色，结尾借景抒怀，指出只有胸怀"浩然正气"的人，才能充分体会和享受自然之妙。

西江月·梅花
苏轼

玉骨那愁瘴雾，冰姿自有仙风。海仙时遣探芳丛，倒挂绿毛幺凤。

素面常嫌粉涴，洗妆不褪唇红，高情已逐晓云空，不与梨花同梦。

词作于宋哲宗绍圣三年（1096）十月，苏轼被贬惠州时。这是一首咏梅词，借梅以寄托对卒于七月的侍妾王朝云的哀悼。词中，苏轼塑造了在恶劣环境中保持玉骨仙风，不假修饰而天生丽质的梅花形象，借此惋惜朝云的早逝，赞美她的高洁品格。具有很强的感染力。

临江仙·夜归临皋

苏轼

夜饮东坡醒复醉，归来仿佛三更。家童鼻息已雷鸣。敲门都不应，倚杖听江声。长恨此身非我有，何时忘却营营。夜阑风静縠纹平。小舟从此逝，江海寄余生。

词作于元丰五年（1082），记叙了苏轼在东坡雪堂开怀畅饮，醉后返回临皋亭的情景。末尾二句，曾引起一场误会。据说，第二天谣传苏轼真的已"挂冠服江边，拿舟长啸去矣！"这就吓坏了知州，因为苏轼当时是被看管的"罪人"。知州赶到苏轼住处，发现苏轼"鼾声如雷"，还未起床，这才知道是虚惊一场。所以，苏轼发出了："长恨此身非我有"的感叹！这首词具有苏轼文如其人的鲜明个性，他放浪于山水之间，要从大自然中寻求美的享受，反映了他的生活理想和精神追求。

木假山堂

MU / JIA / SHAN / TANG

从快雨亭出来，向北穿过墨庄与启贤堂西回廊的小天井，来到木假山堂，木假山堂实际上是设置在启贤堂主体建筑的背面，正面是回廊，回廊的北端与来凤轩衔接，组成三进四合院的最后部分。

首先，我们要给大家说的是这木假山的来历。在苏家的故宅中，旧有木假山堂，其木假山为苏洵亲手设置，苏洵在《答二任》中说："庭前三小山，本为山中楂。当前凿方池，寒泉照谽谺。玩此可竟日，胡为踏朝衙。"宋仁宗嘉祐四年（1059）冬，苏洵父子南行赴京途中，友人杨纬又赠送了一组木山，苏洵将其放置在京城南园寓所中。苏洵在《木假山记》中写道："予家有三峰……予见中峰魁岸踞肆，意气端重，若有以服其旁之二峰。二峰者庄栗刻削，凛乎不可犯，虽其势服于中峰，而岌然无阿附意。吁，其可敬也夫，其可以有所感也夫！"意思是说，木假山的中峰魁伟高大，傲居放肆而意气端重，似乎要让旁边二峰顺服。而二峰却峻峭挺拔，毫无屈从附和之态。有气节，不逢迎的木假山成为

◆ 木假山堂（老照片）

三苏父子精神的象征。后来苏家离开眉山，木假山也不知所终。

清康熙四年（1665），眉州知州赵蕙芽重修三苏祠时，辟修木假山房，意在重置木假山。乾隆年间州牧阎源清又重修木假山堂，杭州人宋凤起书写"木假山堂"匾。道光十二年（1832），眉山书院主讲李梦莲在城南岷江边，发现一组乌木，其形就像苏洵文章中所描述的那样，于是，李梦莲将木假山购回，置于木假山堂中。今悬挂于木假山堂的对联为陆游《木假山》诗摘句："书窗正对云洞启，丛菊初傍幽篁栽。"表达了后人对三苏的景仰之情。清人李宗传在《木假山诗并序》中道："老苏木假山，今不可见矣。后之建祠宇者，以其名后堂，取木势之仿佛似者置其中，未见奇特也。中江李梦莲孝廉，主讲眉山书院，见异木于城南江浒，色黝质坚，三峰宛具，乃购归堂中，用梅诗韵纪其事。"

◆ 木假山堂

木假山记

苏洵

木之生，或蘖而殇，或拱而夭；幸而至于任为栋梁，则伐；不幸而为风之所拔，水之所漂，或破折，或腐；幸而得不破折，不腐，则为人之所材，而有斧斤之患。其最幸者，漂沉汩没于湍沙之间，不知其几百年，而其激射啮食之余，或仿佛于山者，则为好事者取去，强之以为山，然后可以脱泥沙而远斧斤。而荒江之湄，如此者几何！不为好事者所见，而为樵夫野人所薪者，何可胜数！则其最幸者之中，又有不幸者焉。

予家有三峰，予每思之，则疑其有数存乎其间。且其蘖而不殇，拱而不夭，任为栋梁而不伐，风拔水漂而不破折，不腐。不破折，不腐，而不为人所材，以及于斧斤，出于湍沙之间，而不为樵夫野人之所薪，而后得至乎此，则其理似不偶然也。

然予之爱之，则非徒爱其似山，而又有所感焉；非徒爱之，而又有所敬焉。予见中峰魁岸踞肆，意气端重，若有以服其旁之二峰。二峰者庄栗刻削，凛乎不可犯，虽其势服于中峰，而岌然无阿附意。吁，其可敬也夫，其可以有所感也夫！

苏明允木山

梅尧臣

空山枯楠大蔽牛，霹雳夜落鱼凫洲。
鱼凫水射千秋蠹，肌烂随沙荡漾流。
唯存坚骨蛟龙镂，形如三山中雄酋。
左右两峰相挟翊，尊奉君长无慢尤。
苏夫子见之惊且异，买于溪叟凭貂裘。
因嗟大不为梁栋，又叹残不为薪槱。

雨浸藓涩得石瘦，宜与夫子归隐丘。

木山，并叙
苏轼

木生不愿回万牛，愿终天年仆沙洲。
时来幸逢河伯秋，掀然见怪推不流。
蓬婆雪岭巧雕镂，蛰虫行蚁为豪酋。
阿咸大胆忽持去，河伯好事不汝尤。
城中古沼浸坤轴，一林瘦竹吾菟裘。
二顷良田不难买，三年桤木行可樛。
会将白发对苍巘，鲁人不厌东家丘。

木假山
陆游

枯楠千岁遭风雷，披根折干吁可哀。
轮囷无用天所赦，秋水初落浮江来。
嵌空宛转若耳鼻，峭瘦拔起何崔嵬。
珠宫贝阙留不得，忽出洲渚知谁推。
书窗正对云洞启，丛菊初傍幽篁栽。
是间著汝颇宜称，摩挲朝暮真千回。
天公解事雨十日，洗尽泥滓滋莓苔。
一丘一壑我所许，不须更慕明堂材。

明代杨慎评价道："大意言天之生材甚难，而公父子乃天之所与。如此切磋琢磨，自为师友，此公之所以自重，不偶然也。"

来凤轩

LAI / FENG / XUAN

  与木假山堂相对的是祠堂三进院落的最后一进院落，苏家的书房来凤轩，来凤轩原来的名字叫南轩，是苏家兄弟读书的地方，嘉祐二年（1057），苏轼兄弟双双进士及第，如两只神奇的凤凰，名震京华，梅尧臣在寄给苏洵的诗中称："日月不知老，家有雏凤凰；百鸟戢羽翼，不敢呈文章。"是啊，名震京华的凤凰，使得自愧不如的百鸟们都收敛起了美丽的羽毛，因此，后人就将南轩改名来凤轩了。1982年，时任四川省作家协会党组书记的书法家陈之光将梅尧臣诗句书写成对联，悬挂于来凤轩，落款为"嘉祐三年，梅尧臣寄苏明允诗句，壬午中秋游三苏祠，之光书"。在来凤轩中门的门楣上悬挂的"来凤轩"匾额，为1982年著名书法家费新我题写。此外，还有清代顾印愚集苏轼诗句的对联一副"诗成桦烛飘金尽；天雨曼陀照玉盘"，赞美苏轼诗作已达到最高的艺术境界。

  在来凤轩书房中，我们可以看到苏氏兄弟读书的场景，这也是苏祠以书房为依托设置的文创展示和销售中心。苏氏三父子教学相长的故事就发生在这里。之前，我们在东厢房已经给大家介绍了苏氏家教家风的故事，在此，就给大家讲一讲三苏父子读书的故事。你们知道苏轼、苏辙名字的由来和含义吗？要想弄清楚这个问题，就要从苏洵的这篇《名二子说》说起：

名二子说

苏洵

  轮、辐、盖、轸，皆有职乎车，而轼独若无所为者。

虽然,去轼,则吾未见其为完车也。轼乎,吾惧汝之不外饰也。

天下之车莫不由辙,而言车之功者,辙不与焉。虽然,车仆马毙,而患亦不及辙。是辙者,善处乎祸福之间也。辙乎,吾知免矣。

苏轼和苏辙的名字都从"车"字旁,顾名思义都跟车有关。看看苏洵对儿子们名字的解读,就知道他的良苦用心。为什么会给大儿子取名"轼"呢?苏洵解释说:"轮辐盖轸,皆有职于车,而轼独若无所为者。虽然,去轼则吾未见其为完车也。"轮、辐、盖、轸这些车的部件都有各自的功能和职责,但"轼"却没有具体的分工,虽然如此,没有"轼",这辆车就不能成其为一辆完整、完美的车。"轼"是古代战车前的横木,也就是扶手。扶手的位置处在最前端,最醒目的地方。充分说明了"轼"的属性。接着的这句最关键,苏洵感叹道:"轼乎,吾惧汝之不外饰也。"这句话的意思是:苏轼啊!我真怕你不善掩饰自己啊!所以苏洵说儿子不善于掩饰自己的观点,这说明苏洵已经看出了苏轼锋芒初露,正义直言的性格,就像永远展露在车前的"轼"一样。但从另一方面讲,"轼"处在车前端的显要位置,要凭借它才能一览天下,就如《左传》中《曹刿论战》写的"登轼而望之",所以,苏洵的话,既是提醒,又是鼓励,希望儿子登高望远,要有远大的理想和志向,鼓励他们积极进取,努力奋进。后来的研究者还有这样的说法,宋代文学史上假如没有苏轼,也可以称为宋代文学史,但那就不是一部承前启后,辉煌千秋的宋代文学史了,至少,它缺少了一颗最璀璨、最耀眼的星星。苏轼给自己的号名"子瞻",也是由"轼"而引申来的。

在讲到苏辙的时候,苏洵说:"天下之车莫不由辙,而言车之功者,辙不与焉。虽然,车仆马毙,而患亦不及辙,是辙者,善处乎祸福之间也。辙乎,吾知免矣。"意思是说,天下的车，经过之后都会留下车"辙"，但在对车论功行赏的时候，似乎与车辙无关，即使发生车毁人亡这样的祸患，也不会殃及车辙。所以，车辙可处于福祸之间，平平安安度过。因此，苏洵说小儿子苏辙，性格含蓄，冲淡平和，善处祸福之间。事实上，苏辙相较于哥哥苏轼来讲确实如此。苏辙自号"子由"也是由"辙"而引申来的。

苏洵在《名二子说》中对苏轼兄弟表明了希望和归戒之意。在学习上，要求他们要明确读书、作文的目的。读书首先是为了"治人"，或叫"施之人"即用自己所学的知识为治国安民效劳；同时也是为了"治身"或者叫"治气养心，无恶于身。"即使不为当时所用，也要著书立说，以传之后世。苏洵还指导两个儿子练习写作，苏轼的《夏侯太初论》《天石砚铭》《却鼠刀铭》，苏辙的《缸砚赋》等就是他们青少年时的作品。有一件事情，对苏氏兄弟的启发很深。

天石砚铭（并序）

苏轼

轼年十二时，于所居纱縠行宅隙地中，与群儿凿地为戏。得异石如鱼，肤温莹，作浅碧色，表里皆细银星，扣之铿然。试以为砚，甚发墨，顾无贮水处。先君曰："是天砚也。有砚之德，而不足于形耳。"因以赐轼，曰："是文字之祥也。"轼宝而用之，且为铭曰：

一受其成，而不可更。或主于德，或全于形。均是二者，顾予安取。仰唇俯足，世固多有。

这篇《天石砚铭》，所述的是苏轼十二岁时，在故居的宅院中，与一群少年作掘地游戏，偶然在石缝中捡到一块十分奇异的石头。这块石头形状像一条鱼，外表温润，呈浅绿色。外表和里层都点缀着细小的银星，击打它就发出铿锵的声音。

于是，苏轼试着拿它当砚使，发现其很能发墨，只是缺少贮水的地方。苏轼将这块奇石拿给苏洵看，父亲说："这是一方天砚，具有砚的品质，只是形状不太完美罢了。"苏洵把砚石送还苏轼，并对他说："这是你文学的祥瑞之兆，要好好保存它。"父亲的话虽简短平常，但苏轼却深深懂得父亲的殷切希望和教诲，正如他在《天石砚铭》中所写的那样：一旦接受了上天的赐予，就永远不要改变初衷，是崇尚石砚的高尚品德呢？还是只需要石砚外表完美的形状呢？显然是要取其石砚的情操。值得一说的是，尽管苏轼见识过无数名贵砚台，但这方砚台一直伴随在苏轼身边，"乌台诗案"发生后，天石砚不知去向，直到后来在黄州时，整理物品中失而复得，苏轼十分欣喜，他请工匠制作木盒将砚台包装起来，奉若至宝，并向儿子们讲了天石砚的来历。苏轼将天石砚赋予了更高的人文精神，并以此教育子女们要树立高尚的情操。

苏轼是怎样教育子女的呢？他的两篇铭文足以说明苏氏

◆ 来凤轩

良好的家教家风。

迈砚铭

苏轼

迈往德兴,贶以一砚,以此铭之。

以此进道常若渴,以此求进常若惊。以此治财常思予,以此书狱常思生。

宋神宗元丰七年（1084）,苏轼的大儿子苏迈二十四岁,被朝廷任命为饶州德兴县（今江西德兴县）县尉。虽然只是一个小小的官吏,但这是苏迈第一次赴任,作为父亲,苏轼亲自为儿子送行,送至江西湖口才分别。临行前,苏轼特地赠送了一方砚台给儿子苏迈,并题写下了《迈砚铭》："以此进道常若渴,以此求进常若惊。以此治财常思予,以此书狱常思生。"意思是用它来学习圣贤的道理要如饥似渴;用它来习写文章,要不停地进步,时出新意令人吃惊;用它来记录和治理财务要时常想着给予他人;用它来书写狱讼公文要时时想着放人生路。苏迈是苏家的长子,在父亲的熏陶和感染之下,品行端正、好学上进。特别是"乌台诗案"期间,苏迈一直跟随父亲,照顾左右,给了苏轼生活上无微不至的照顾和精神上莫大的安慰。苏迈在任江西德兴县尉时,为官清正廉洁,有政绩,后人立"景苏堂"来纪念他。苏轼在《与陈季常书》中说："长子迈作吏,颇有父风。"《德兴县志》载："迈公有政绩,后人立景苏堂仰之。"

迨砚铭

苏轼

有尽石,无已求。生阴壑,闷重湫。得之艰,岂轻投。旌苦学,畀长头。

二儿子苏迨，比哥哥苏迈小十一岁，从小虽体弱多病，但非常聪明好学，苏轼在《赠上天竺辩才师》诗中云："我有长头儿，角颊峙犀玉。四岁不知行，抱负烦背腹。"在《与陈季常十六首》中说"长子迈作吏，颇有父风，二子作诗骚殊胜，咄咄皆有跨灶之兴。"还称赞道："迨好学，知为楚辞，有世外奇志"。苏轼也赠送过一方砚台给苏迨，铭文中写道："有尽石，无已求。生阴壑，闷重湫。得之艰，岂轻投。旌苦学，畀长头。"意思是有被采尽的石头，没有满足的欲求。它生在幽暗的深谷，锁闭在重重的溪涧下。得到这方砚台真是历经了千辛万苦，怎么能轻易送人？一定要用它来表彰刻苦好学之人。于是就把他送给像贾逵贾长兴一样好学的苏迨。苏迨因为自身的因素和父亲的坎坷经历，年轻时未有从政为官的经历。但他聪明好学，谨记爷爷苏洵的教诲："读是，内以治身，外以治人，足矣！"自身要有学识和修养，要养浩然正气。即使自己的学识不能为治国安民效力，也要著书立说，以传之后世。也就是古语说的：达则兼济天下，穷则独善其身。苏轼谢世后，苏迨跟随苏辙居住颍州，在压抑、打击"元祐党人"的气氛下，他"敦守旧学，抱遗编者十载"，仍然不改初衷。

苏轼的小儿子苏过又是怎样受教育于父亲的呢？虽然没有像两位哥哥一样得到父亲的砚铭，但他却得到父亲的言传身教，受益匪浅。

> 苏过，字叔党，东坡先生季子也。翰墨文章，能世其家。士大夫以"小坡"目之。
> ——《挥尘后录》

苏过是苏轼的小儿子，童年多随父亲的宦游生涯，在频繁的迁徙中度过。"乌台诗案"时，苏过年仅七岁，大哥苏迈到京城照顾父亲，自己和二哥苏迨留在母亲身边。后来，大哥为官离家，苏过就接替哥哥承担起陪伴和照顾父亲的义务，从惠州到儋州，在"食无肉、病无药、居无室、出无友、冬无碳、夏无泉"的处境中，父子俩过着"食芋饮水，以著书为乐"的生活。苏轼晚年修订父亲苏洵未完稿的《易传》，即后世所称的《东坡易传》，完成了苏洵的心愿。而苏过在父亲的教诲下，创作出了许多优秀的文学作品，后将自己的作品汇集成册六卷，书名《斜川集》。三苏祠里有一副清代人蔡振武撰的对联："千载诗书城，坐修竹林中，尽饶佳士；四贤桑梓地，问斜川集后，谁嗣高文"。联文中的"四贤"就是指三苏和苏过，可见其对苏过文学才华的推崇。清代道光年间的眉山刻本《三苏全集》也收录了苏过的《斜川集》。苏过的文学成就，不得不说又是一个"内以治身，外以治人"的家风传承。在惠州和儋州，苏轼教书育人、劝农护牛，修桥治水等，父亲所做的每一件事都有苏过的身体力行。

南轩书房，是苏轼对家的最深刻的记忆。在保存至今的为数不多的苏轼墨迹中，有一篇家乡情结的杂文《南轩梦语》，真迹现藏于台北故宫博物院。

梦南轩

苏轼

元祐八年八月十一日，将朝，尚早，假寐，梦归毂行宅，遍历蔬园中。已而坐于南轩，见庄客数人，方运土塞小池。土中得两芦菔根，客喜食之。予取笔作一篇文，有数句云："坐于南轩，对修竹数百，野鸟数千。"既觉，惘然怀思久之。南轩，先君名之曰"来风"者也。

元祐八年（1093）八月一日，苏轼的续妻王闰之病逝于京城，亲人的离世，使他悲痛不已，王闰之去世后的第十天，即八月十一日，苏轼早早起来，准备去上朝，因时间还早，就闭

> 元祐年八月十日将朝尚早假寐梦
> 归纱縠行宅遍历蔬圃中已而坐于
> 南轩见庄客数人方运土塞小池
> 土中得两芦菔根客喜食之予取
> 笔作一篇文有如句云坐于南轩对
> 修竹数百野鸟数千既觉惘然思之
> 南轩先君名之曰来风者也　轼

◆ 苏轼《南轩梦语》帖

目养神，渐入了梦境，他梦见自己回到了纱縠行的家中，自己在院子里自由自在地走来走去，当走到南轩书房时，看见家里有许多干活的人，这些人正在运土去填一个小水池子，在泥土中找到了两根萝卜，干活的人很高兴，准备拿回去吃。他看到眼前的一切，觉得自然又亲切，忍不住取出笔墨做了一篇小文，其中有这样几句："坐于南轩，对修竹数百，野鸟数千。"当写到此时，突然醒了，才知道是因为思念太久而做的一场梦。自己童年时候的老家"遍历蔬园中""已而坐于南轩"，思乡之情跃然纸上。

云屿楼

YUN / YU / LOU

出了书房,向左走过一座平桥,我们所见到的是云屿楼。清代光绪元年(1875),四川督学使张之洞来眉山时倡导修建,原名东坡楼,也是祠内古建中唯一的一座楼,楼在来凤轩东面,坐北朝南。重檐歇山式,台梁式梁架,一楼一底,面阔三间,进深三间,通高约12米,小青瓦屋面。楼南、西、北三面临水,东、南、西三面阶沿下有红砂石铺旱池,池边有石栏杆。1982年李长路补书"云屿楼"匾额,刘孟伉撰联:"谁吹孤鹤南飞笛;人唱大江东去词。"上联意思是,是谁又在吹奏《白鹤南飞》的乐曲,以笛声传递对先贤的怀念之情。下联意思是,是谁在大声吟诵大江东去词,咏叹千古风流的飘逝。与之同时修筑的还有抱月亭和绿洲亭。云屿楼与抱月亭、绿洲亭构成瑞莲东池景观。

◆ 云屿楼

新中国成立以来，三苏祠得到各级政府的大力保护，成为广大人民群众景仰三苏的文化圣地。许多党政领导、学者名流均因三苏父子盛名来祠参观、题词。这些珍贵的墨宝与照片，不仅丰富了三苏祠的馆藏，更进一步见证了老一辈革命家、专家学者和艺术家们对三苏的景仰。三苏祠将名人书画及签名等展出，展示三苏人文情怀。

一家三父子，都是大文豪。诗赋传千古，峨眉共比高。
——朱德

老泉发奋读书迟，犹见一家三大师。
我作筹人千载后，高山仰止梦峨眉。
——苏步青

◆ 苏步青题词

沁园春·为三苏祠重建开放作

郭绍虞

　　冲雅颍滨，豪放东坡，凝练老泉。考两朝唐宋，大家仅八，三苏父子，角逐其间。人杰地灵，物华天宝，此语唯心未必然。凭自述，知读书有得，家学相传。

　　一门才哲翩翩，数玉局堂堂路最宽。于诗词骈散，都臻化境；法书绘事，均富云烟。行所当行，止乎当止，纵稍分歧仍一源。祠重建，问当年遗物，可有榆莲。

昔谒祠于海南，今谒祠于眉山。
异代风流可接，文章千古人间。

　　　　　　　　　　　　——赵朴初

一苏胜二苏，词书画三绝。

　　　　　　　　　　　　——张爱萍

风流人物数三苏。

　　　　　　　　　　　　——程十发

笔随意到平生乐，语出无心任所遭。
欲赞公诗何处觅？眉山云气海南潮。

　　　　　　　　　　　　——启功

万里访三苏。

　　　　　　　　　　　　——吴伯萧

蜀中多才子，三苏天下奇。

　　　　　　　　　　　　——方毅

笔随己之所平生乐语出无心任所遭

纵赞公诗门宽阔眉山云气浩无涯

东坡先生诞生九百五十周年纪念 启功敬题

翰墨访三苏

吴伯箫 一九七九年首

◆ 启功题词　　　　◆ 吴伯萧题词

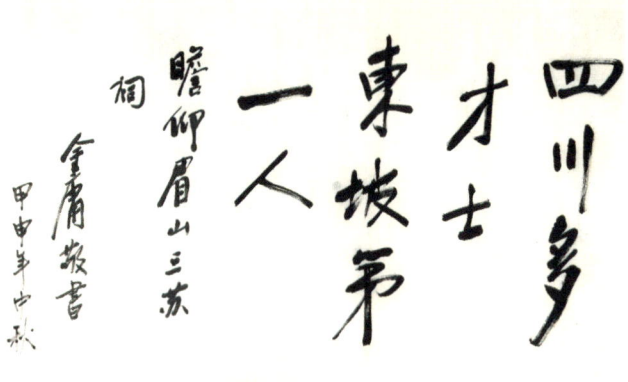
◆ 金庸题词

◆ 李铎题词

眉山仰望三峰碧，蜀江俯看一片蓝。

——臧克家

苏轼学术讨论会献诗一首

杨明照

十年伤动乱，四载喜乘除。还作东坡会，一觞笔屐污。
人心归窜逐，世论薄睢盱。千古文章伯，东邻正写摹。

四川多才士，东坡第一人。

——金庸

笔落文章富，胸沉胆气豪。

——李铎

耸瞻文旦。

——贾平凹

抱月亭

BAO / YUE / TING

清代光绪元年（1875），四川督学张之洞倡建抱月亭。此亭原为双层攒尖式草亭，1980年改为瓦顶。抱月亭取东坡《赤壁赋》"挟飞仙以遨游，抱明月而长终"之意，1979年四川籍书法家刘东父题写的亭名，并集东坡诗句书写了对联"多情明月邀君共，无主荷花到处开"。

◆ 抱月亭

绿洲亭

Lu / ZHOU / TING

◆ 绿洲亭

◆ 绿洲亭（草亭）

绿洲亭建于清代，又名水竹轩，在瑞莲东池南端的半岛上，是三苏祠内现有的唯一一座草亭。亭名由广东籍书法家黄铸夫题，1978年由四川籍书法家徐无闻集苏轼诗句撰写对联"要使名驹试千里，更邀明月作三人"。

披风榭

PI /FENG / XIE

三进四合院的主体建筑和古祠堂的部分,我们已经参观了,接下来,我们就进入三苏祠的园林区域,向西继续游览,欣赏瑞莲西池的披风榭、百坡亭、瑞莲亭。

◆ 披风榭

披风榭最早建于南宋眉州城内环湖中的高土台上,当时榭中悬挂有东坡先生遗像。陆游来眉山时,见到了披风榭中悬挂的苏轼画像,但对画像没有具体的描述,也许就是后来元代高丽诗人李齐贤诗中描述的"黄冠横策,坐笑石上"的东坡遗像。陆游虔诚祭拜之后，写下了《眉州披风榭拜东坡先生遗像》诗：

蜿蜒回顾山有情，平铺十里江无声。
孕奇蓄秀当此地，郁然千载诗书城。
高台老仙谁所写，仰视眉宇寒峥嵘。
百年醉魂吹不醒，飘飘风袖筇枝横。
尔来逢迎厌俗子，龙章凤姿我眼明。
北扉南海均梦耳，谪堕本自白玉京。
惜哉画史未造极，不作散发骑长鲸。
故乡归来要有日，安得春江变酒从公倾。

◆ 东坡盘陀像

其中"孕奇蓄秀当此地,郁然千载诗书城"两句,成为对眉山悠久历史文化圣地的定评。眉山因此被誉为"千载诗书城"。南宋时,眉州知州魏了翁曾重新修缮过环湖和披风榭,但后因环湖消失,披风榭也不复存在。清代光绪二十四年(1898),为纪念三苏、陆游、魏了翁,眉山人民在三苏祠内重建了亭榭。因原披风榭规模式样已不可考,因此,当年的东坡画像和悬挂位置也无从考据。民国八年(1919)《培修眉州三苏祠记碑》载"榭之上亦有楼一楹,登楼遥望,鳞塍绣壤,悉在目前。所谓绿杨城郭,大好河山皆饶有天然画意,亦一巨观也"。如今的披风榭背临瑞莲池,与池中的百坡亭,池南的瑞莲亭和正面的东坡盘陀像构成了三苏祠最美的风景。东坡盘陀像背后的山埂下有一座亭宇,名为半潭秋水一房山,建于民国年间,1992年改建。

百坡亭

BAI / PO / TING

沿着瑞莲西池边与"峰回路转"假山间的小道,我们来到横跨瑞莲池上的百坡亭,亭的一端与西厢房相接。百坡亭始建于南宋,复建于民国十七年(1928),亭长12米,中间为八柱小亭,攒尖式屋顶。"百坡"之名,取意于东坡《泛颍》诗(节选):

◆ 百坡亭

我性喜临水，得颍意甚奇。
到官十日来，九日河之湄。
吏民笑相语，使君老而痴。
使君实不痴，流水有令姿：
绕郡十余里，不驶亦不迟。
上流直而清，下流曲而漪。
画船俯明镜，笑问汝为谁？
忽然生鳞甲，乱我须与眉。
散为百东坡，顷刻复在兹。
……

  百坡亭取"散为百东坡"诗意而得名，寓意出现更多东坡式的杰出人物。亭上的匾额由吴伯萧题，抱柱联"谟议轩昂开日月，文章浩渺作波澜"，为1959年刘孟伉集《衲苏集》书，意为三苏父子经世宏论如日月光耀千秋，文章豪迈俊逸，汪洋恣肆一泻千里。

瑞莲亭

站在百坡亭上向南望去，有一座八角十二柱，攒尖式屋顶的小亭，名叫瑞莲亭。这瑞莲亭自有它的来历：相传苏家故宅池中，苏洵就种植有瑞莲。宋仁宗嘉祐二年（1057），苏轼兄弟考中进士，苏家池中盛开并蒂莲花，于是就有瑞莲兆科甲之说。明代成化年间，眉州州守许仁题有"苏池瑞莲"诗，诗曰："可人千载尚流芳，故宅池中并蒂香。莫讶为祥兆科甲，生前元自擅文章"，并将其命名为"眉山八景"之首。康熙四十六年（1707），四川巡抚能泰题匾"瑞莲重现"，乾隆十八年（1753）眉州知州宋载书门匾"瑞莲池"，此亭被命名为中华名亭。2006年夏天，在三苏祠的荷塘内盛开了并蒂莲花，真正实现了瑞莲重现的愿望。并蒂莲的标本陈列在东厢房中，供大家欣赏和了解三苏祠的这段传奇。

◆ 瑞莲亭

景观意趣

　　围绕在东西瑞莲池间的三苏古祠堂，让我们感受到了厚重的三苏文化和古祠风貌。民国年间，眉山的乡绅们积极提议，希望拓展三苏祠的范围，在他们的倡议下，三苏祠有了与之相配套的园林景观。园林区域主要向西北面延伸，打破了东西厢房的对称格局，保留了与东厢房相对的西厢房前段部分，中段是快雨亭，后段是墨庄，在此基础上向西拓展为园林区。三苏祠园林粗犷而古朴，具有川西园林风格，茂林修竹之中的桥、亭等建筑，或出自东坡诗词典故，或是故居遗存，或为景仰先贤而建。景观独特，意趣盎然。

消寒馆

瑞莲西池边的消寒馆就是我们见到的第一处民国建筑，建于民国十七年（1928），为硬山式屋顶，筒瓦屋面，面阔七间28米，坐西向东，东向开两门，与百坡亭相对，隔池与瑞莲亭相望，两门处依檐作两亭，为攒尖式屋顶，两亭间有廊相通，后院有回廊。原为保存三苏祠碑刻的碑亭，现为文创展销处以及游客休闲品茗之所。

◆ 消寒馆

洗砚池

XI / YAN / CHI

在消寒馆南侧有洗砚池，传为苏氏兄弟青少年时洗涤墨砚的水池，为苏家遗迹之一。民国十七年（1928）修置了洗砚池，池为正八边形，每边长两米，有砖石护栏，正西面护栏镶嵌一碑，碑文为民国年间眉山人彭耀章仿苏体题写的"洗砚池"三字。正东留有门，设石阶可至池中。20世纪80年代，在正西面设立照壁，照壁上刻《东坡玩砚图》和苏轼的《天石砚铭》等等。

◆ 洗砚池（民国）

◆ 洗砚池

八娘伴母

BA / NIANG / BAN / MU

三苏祠很美，被称誉为川西园林的典范。出消寒馆向西继续游览，可以看到三座风格各异的桥，消寒馆西面山墙边的小桥，因年代久远，风化的红砂石和青苔的印记，让其有厚重的年代感。与之相连的小平桥原来有多处水泥构建的痕迹，2014年维修改造时，秉持修旧如旧的理念，抹去了现代建材的遗留，恢复了其原貌。第三座桥是一座体量较大的拱桥，2014年维修时增加了护栏，这三座桥水域相通，与周围的红砂石护栏一起，成为一个相对独立的小池塘。池塘中有一块高出水面的平台，平台上是"八娘伴母"的塑像。雕塑的是苏轼的母亲程夫人和姐姐苏八娘。程夫人"勉夫教子"的故事我们在东厢房已经向大家介绍了，在此，说说苏轼的姐姐苏八娘。

苏八娘生于宋仁宗景祐二年（1035），比苏轼大两岁，从小聪明好学，温良贤淑，品貌皆优，深得苏洵夫妇的喜爱。苏洵在《自尤》诗中写道："女幼而好学，慷慨有过人之节，为文亦往往有可喜。"又说："读书未省事华饰，下笔亹亹能属文。""俨然正直好礼让，才敏明辩超无伦。"司马光在为程夫人撰写的墓志铭中也提到苏八娘，夸赞她说"幼女有夫人之风，能属文"。

苏八娘是眉山名副其实的才女，姐弟三人时常在一起吟诗作对。我们在东厢房已经给大家介绍了"姐弟猜谜"的故事，在此说说他们写诗练意的故事。与猜谜不同，这次是姐姐八娘出题，要求在所出的句中加字，使其富有动感和诗意，姐姐出的题是"轻风细柳，淡月梅花"，苏辙一见，高兴地说："姐姐的意思是，让我们各自依据自己的想法，在这'轻风细柳、淡月梅花'两句中各加一字作腰，看谁加的最有意思？"姐姐笑着点点头。这时，思维敏捷的苏轼最先说话，他说他想在"轻风细柳"中加"摇"字，在"淡月梅花"中加"映"字，这样就成了"轻风摇细柳，淡月映梅花"。八娘看着苏轼，虽带着微笑却没有点头赞同，而是反问了一句："还有更恰当的吗？"苏轼琢磨了片刻，对姐姐说道："姐姐，改为'轻风舞细柳，淡月隐梅花'。"八娘摇摇头说："你刚才说的都不错，但意境还不是最美、最佳啊！"当时在一旁的苏辙，见哥哥加的两组字意都没有得到姐姐的完全肯定，自己也就不敢作声了。兄弟二人用急切的眼光望着姐姐，希望她快快说出贴切的字眼来。八娘含着笑容瞅了苏轼一眼说："我加的两个字是'扶'和'失'……"没等八娘的话说完，苏辙激动地接道："轻风扶细柳，淡月失梅花，真是太好了！姐姐，你真是聪明灵巧的好姐姐！"兄弟俩都高兴地拍手欢笑，连声叫好！接着，苏轼说："姐姐嵌入的两个字，真可谓是画龙点睛啊！那'扶'字很有形象感，使无形的风人格化了，'失'字不只是熟字巧用，而且恰到好处，更使诗的境界有一种月下景象朦胧美。"姐弟三人都笑了。八娘不仅在学业上帮助兄弟俩，并且还协助母亲分担起家务，苏轼后来回忆姐姐时，称她是一位善良、聪明、能干、有才华的姑娘。

讲到这里，大家不禁要问，苏轼除有姐姐八娘，还有没有妹妹苏小妹呢？这也正是要给大家补充讲解的一个谜一样的有趣的问题。首先告诉大家答案，没有苏小妹。苏小妹是一个传说中的人物，但原型人物就是苏八娘，为什么呢？这要从苏八娘的身世说起。八娘十六岁那年，嫁给了舅父程浚的儿子，也就是自己的表哥程之才，这门亲上加亲的婚姻，并没有给八娘带来幸福，程家是眉山的高门大户，苏洵说他本应该"是乡

苏祠漫步——三苏祠导览解说词

人之望也",但其实是"大乱吾俗焉"。就连对待自己的侄女,又是儿媳妇的八娘也十分刻薄,使这位才貌双全,品德高尚的女子饱受折磨,郁郁寡欢,两年后就含恨离开了人世。八娘的遭遇,让父亲苏洵愤愤不平,他用《自尤》一诗表达对女儿的思念和深深的自责,撰写《苏氏族谱亭记》倡导弘扬和传承苏氏家教家风,暗讽程家伤风败俗,并且拿出了实际行动,与程家断绝一切往来,时间长达四十二年之久,直到苏轼在惠州时,两家才冰释前嫌。这桩不幸的婚姻伴以各种传说故事逐渐流传开来,民间用"才子配佳人"的思维方式,杜撰出了苏小妹和苏轼的弟子兼朋友秦观的风流佳话演绎成了"苏小妹三难新郎"的说书人话本,明代小说家冯梦龙把话本收集、整理到他的"三言"里面,苏小妹的故事便家喻户晓了。在眉山,乃至四川的习俗中,把小姑娘称为小妹,知道姓氏的就冠以姓氏,苏八娘是家中唯一成长起来的女孩子,称她为苏小妹也在情理之中。

◆ 八娘伴母

船坞

CHUAN. / WU

　　三苏祠有"三分水,两分竹","祠在水中央"之称,拱桥边就是一座建在水中的亭宇船坞,船坞顾名思义就是像船一样的亭子,始建于民国十七年(1928),亭有船舱、石跳板、船头的桂花树就像是天然的插篙。岸边是八风山,山上红色的石头和水中行驶的船、船坞与八风山的组合就好像是"东坡夜游赤壁"的情景再现。八风山后有一个大水池,是因为祠内水循环的需要而设置,也是苏轼"天石砚铭"的创意景观。

◆ 船坞

式苏轩

SHI / SU / XUAN

沿着园林区的主干道，我们看到的是式苏轩，始建于民国十七年（1928年），1988年赵朴初题"式苏轩"匾，"式"即模范、榜样，意为以苏轼为楷模。式苏轩是园林区的一组仿古建筑，也是三苏祠的临时展览区域。式苏轩有楹联三副：一是1987年苏学专家陈迩冬撰联，书法家林锴书"千里共婵娟，飞来双白鹭；一门三父子，都是大文豪"。赞扬苏氏兄弟志同道合的深厚情谊，世所罕见，一门三父子位列唐宋八大家，旷古未有；二是1986年美国中华楹联学会会长潘力生撰写"秀气禀嘉峨，诗书画堪称三绝；暮年迁岭表，清慎勤亦有千秋"。赞颂苏轼秉承家乡的钟灵毓秀之气，融诗、书、画三绝于一身，晚年虽贬谪岭南，仍然达观处事，勤奋著述，故而流芳千古；三是2002年眉山籍书法家万耀宗撰"艺综百家，笔源左右，文并万斛泉书；性冶三教，身任穷通，意随一江水流"。赞誉苏轼既是一代文章宗师，也是一位博古观今的全能人才。

紫薇园

ZI / WEI / YUAN

式苏轩的对面是紫薇园，其创意来自苏轼诗《次韵钱穆父紫薇花二首》。元祐五年（1090），苏轼任杭州知州，友人钱穆父任越州知州。此诗为苏轼当年秋天和钱穆父韵而作，诗中的虚白堂在杭州衙署内，堂前有紫薇两株，相传为白居易所栽植。紫薇花又名百日红，花虽能开百日，但最终也像人一样生命有限，凡须懂得珍惜为贵。

次韵钱穆父紫薇花二首
苏轼

（其一）
虚白堂前合抱花，秋风落日照横斜。
阅人此地知多少，物化无涯生有涯。

（其二）
折得芳蕤两眼花，题诗相报字倾斜。
筐中尚有丝纶句，坐觉天光照海涯。

三苏祠是典型的明清建筑群，又有古朴、典雅的园林景观，在没有影视城的年代，三苏祠成为明清电影和电视剧的重要拍摄场地。紫薇园就是1987年电视剧《红楼梦》拍摄"黛玉葬花"的实景地。

海棠园

游道中的景观还有海棠园,园中有海棠亭。海棠园取自苏轼的海棠诗:

海棠
苏轼
东风袅袅泛崇光,香雾空蒙月转廊。
只恐夜深花睡去,故烧高烛照红妆。

元丰三年(1080),苏轼被贬黄州,寓居在定惠院之东。在杂花满山之中,独有海棠一株,苏轼感叹这株幽居独处的海棠,并将其视为知己,赋诗《海棠》。该诗以美妙的想象、真诚的情感、别致的构思而脍炙人口。

海棠园对面是楚颂园,保留了许多柑橘树,修建有楚颂亭。苏轼晚年希望归隐田园,于是上书请求居住常州。像屈原一样栽种柑橘,取屈原"橘颂"之意,将园子命名为"楚颂",为此,写下了著名的《楚颂帖》,其中用"如惬平生之欲"之句表露其心迹。其书法墨迹碑保存于东园碑廊,稍后再做介绍。

桂花园

紧接着楚颂园的是桂花园,由天香亭和桂花林构成。这一处景观的主要创意来自苏轼诗《八月十七日天竺山送桂花分赠元素》,保留了原有的桂花,新修了天香亭。白居易诗"天香桂子落纷纷",天香即桂花。

熙宁七年(1074)苏轼任杭州通判,四川绵竹人杨元素任杭州知州。八月十七日,苏轼将天竺山的桂花赠送杨元素并赋此诗。天竺山在杭州灵隐山飞来峰之南,山上桂花甚为珍贵。

八月十七日,天竺山送桂花,分赠元素

苏轼

月缺霜浓细蕊干,此花元属玉堂仙。
鹫峰子落惊前夜,蟾窟枝空记昔年。
破戒山僧怜耿介,练裙溪女斗清妍。
愿公采撷纫幽佩,莫遣孤芳老涧边。

相传杭州灵隐寺的桂花为月中的桂树落子而生,所以苏轼称此花元属玉堂仙。蟾窟,传说中月中有蟾蜍,科举时代登科就叫月中折桂。

苏祠廊

SU / CI / LANG

　　三苏祠有东西瑞莲池，西部园林区还有很大一处水域，也是满池荷花，沿池边改建了一处景观，名叫苏祠廊。由听荷轩、梦鹤亭及长廊组成。历代题咏荷花的诗句有很多，站在亭中，面对满池塘的荷花，你会想到一年之中的荷塘，初夏时，有杨万里的名句"小荷才露尖尖角"；入夏时，就会想到苏轼的"无主荷花到处开"；盛夏的大雨之后，你会觉得苏轼的"荷背风翻白，莲腮雨退红"写得是那样的真切，如果是在秋天时节，那就是"荷尽已无擎雨盖，菊残犹有傲霜枝"的残荷秋末景。当然，"留得残荷听雨声"也是别样的景象。还有梦鹤亭，

◆ 苏祠廊

鹤代表长寿、仙境，是古人追求延年益寿、仙风道骨的物化寄托。苏轼在《放鹤亭记》中还表现出他对隐居之乐的向往。我们当然也希望苏轼"千秋魂魄鹤归来"，驾鹤归来，看看家乡、故居的变化。

　　游完苏祠廊，走过文峰桥，就到了三苏祠西门，西门是三苏祠的侧门，与南大门形制相同，缩小了体量，最大的不同是悬挂的对联。最醒目的是抱柱联，由清代四川才子，戊戌六君子之一的杨锐撰，现代谢季筼书写"古今三手笔；天地一眉山"。赞叹眉山小城横空出世三位文学大师，世人无不啧啧称赞。门柱悬挂苏学专家、山东大学教授刘乃昌撰，著名书法家刘繁昌书的"志超万有，宦途偶侨寄，人间荣枯姑置度外；才高一世，书海惯翔游，寰内山水尽涌毫端"。上联称颂苏轼像一位世外高人，不管仕途如何坎坷，人间荣枯不为所动，早已超然物外。下联说苏轼更是一位天下奇才，学富五车，雄视百代，如椽大笔写尽祖国大好河山。此外，还有清代蔡振武撰联，现代杨江帆书"千载诗书城，坐修竹林中，尽绕佳士；四贤桑梓地，问斜川集后，谁嗣高文"。上联说，两宋时期，眉山被誉为"千载诗书城"，读书人之多且不乏名士。下联则说，三苏父子及苏过之后，眉山定会后继有人。

碑廊妙迹

来三苏祠参观的游客们，通常是沿中轴线游览古祠堂，再向西欣赏园林美景，游览线路清晰、顺畅。但在三苏祠瑞莲东池岸，还有一处约有十亩的院落，不在游线上，无论怎样游览，都显得有点绕行或游线重复的感觉，这是为什么呢？这是因为它原本不属于三苏祠的祠堂范围。在瑞莲东池池岸的竹林边，有一道长约200米的围墙，使得它与三苏祠有了一墙之隔的感觉。在此，想要告诉大家的是，这座院落原是清代眉州试院（考棚）旧址。眉州考棚始建于清代嘉庆十一年（1806），当时的眉州知州梁敦怀"以人文蔚起，请设考棚"，至此，眉州有了乡试考场，其《眉州新建考棚记》碑保留至今。眉州考棚一直沿用到清末。清代咸丰三年（1853），四川学政使何绍基来眉州考棚巡视过乡试，并借此拜谒三苏古祠，留有快雨亭遗迹和《谒三苏祠》诗碑。光绪十五年（1889），眉州知州毛隆恩对历经百年的眉州考棚进行了大维修，并写下了《眉州考棚试院培修记》，勒石立于考棚内。新中国成立之后，眉州试院的旧址为学校使用，先是眉山县城关第一小学校，后改名苏祠中学。20世纪70年代，学校的大门仍然沿用清代考棚大门，古朴而厚重。尽管考棚已成为历史，但清代考棚围墙历经保护和维修得以保存至今。2006年，学校迁出，考棚旧址移交三苏祠博物馆，辟为了东园碑廊，由主体建筑晚香堂及醉翁亭、丰乐亭、表忠观亭组成。东园碑廊存碑约140通，其中，苏轼手迹刻石95通，位居全国苏轼遗迹遗址第一。从年代来划分，有南宋、明代、清代以及民国时期和现代刻石。从类型来分有苏轼手迹、历代颂三苏和三苏祠记事碑。这些碑原陈列于消寒馆，后移于东园碑廊。在此，我们将其分为苏轼手迹刻石和历代颂三苏刻石两类来介绍。

在苏轼手迹刻石中,首先要介绍的是楷书四大名碑,以书写时间为序,分别是《表忠观碑》《醉翁亭记碑》《丰乐亭记碑》《柳州罗池庙迎享送神诗碑》。

◆ 晚香堂

表忠观碑

BIAO / ZHONG / GUAN / BEI

宋神宗元丰元年（1078），苏轼四十一岁，知徐州，应杭州知州赵抃之请作《表忠观碑》。赵抃（1008—1084），字阅道，衢州西安（今浙江衢州）人。举进士，官至殿中侍御史。赵抃为官正直，弹劾不避权贵，有"铁面御史"之称。神宗时，擢升为参知政事。谥号清献，苏轼为其作有《赵清献公神道碑》。赵抃在任杭州知州期间，见钱氏祭庙坟庙，残破不堪，有感于吴越王钱镠有功于后世，报请朝廷批准以玉皇山一佛寺废址改建表忠观，供奉钱氏三世四王，即武肃王钱镠、文穆王元瓘、忠献王仁佐、忠懿王钱俶。新观落成后，苏轼撰文并刻石成《表忠观碑》，苏轼在文章中称颂了五代吴越王钱镠一门"三世四王"的历史功绩，写下了具有钱氏简史性质的雄文，特别是武肃王钱镠"是以其民至于老死不识兵革，四时嬉游歌鼓之声相闻，至于今不废，其有德于斯民甚厚"，归顺大宋王朝，使百姓免于战火，安居乐业，是值得称颂的大德。苏轼文章一出，影响很大，各种评论如潮水一般。王安石对《表忠观碑》评价极高，誉为"三王世家"体，即司马迁《史记》的文体。在《宋人轶事汇编》中有多则生动而有趣的记载。

徐度云：东坡初为赵清献公作《表忠观碑》，或持以示王荆公。公读之沉吟曰："此何语也？"时客有在旁者，遽指摘而诋毁之，公不答。读至再三，又携之而起，行且读，忽叹曰："此《三王世家》也，可谓奇矣！"客大惭。

——《却扫编》

此碑不仅成为文章的典范，其书法也成为后世的垂范。《表忠观碑》共四通，两面刻，凡八面，全文八百五十字，为东坡中年代表作，是四大名碑中篇幅最长也是最早的一篇。后人评价，此篇书法风格脱胎于颜真卿《东方朔画赞碑》，以清雄二字贯之。

《表忠观碑》有着怎样的流传经过呢？宋神宗元丰元年（1078）八月十三日，苏轼撰书《表忠观碑》刻石后，始立于杭州龙山表忠观内，即今杭州城外西南玉皇山南，钱氏家族墓地附近。宋徽宗建中靖国元年（1101）苏轼去世，第二年即诏毁苏轼碑版文集，《表忠观碑》必然毁在此时。至南宋绍兴二十九年（1159），钱氏后裔亲戚杨锷在原址重刻石。元代初期，表忠观被毁。明代正德十二年（1517），《表忠观碑》由宋廷佐移入杭州城内郡庠，后遗失。明嘉靖三十九年（1560），浙江总督胡宗宪将表忠观又重建于杭州城内，地址在今"柳浪闻莺"处，钱王故苑的灵芝寺旧址上，也叫钱王祠。表忠观落成之后，杭州知府陈柯又重摹刻《表忠观碑》，并将碑立于观内御书堂之右廊内。清乾隆四年（1739），杭州余懋柄从郡庠中发现宋残石一通，遂移入表忠观，立于御书堂之左廊内，此即日本藏本。民国三十一年（1942），眉山行政督察专员陈炳光、眉山县县长张玉阶、民教馆馆长夏眉寿、诗人陈秉哲据三苏祠内旧藏杭州明嘉靖拓本，又重摹刻石。杭州市文庙内碑林只剩下三残石，三苏祠如今展示给我们的则是全国仅存的《表忠观碑》的完整刻石，由于它的完整性，故弥足珍贵。《表忠观碑》后的三则跋文，为我们说明了刻石的由来。

跋文一：

　　东坡表忠观碑瘦劲而别饶丰采，惜年远剥蚀殆尽，眉山苏祠藏有原拓，邑人钩摹而刻诸石，既成以跋尾请予。窃谓坡公气节文章，名重海内外，而书法自成一家，即断简残编亦当穷搜而宣扬之。庶三苏文化历千百世而犹光故里，岂独眉人之荣哉！壬午秋铁山陈炳光拜识。

钤印：铁山居士、陈炳光印

跋文二：

　　民国第一壬午，予治眉之明年，邑人士以旧拓苏长公表忠观碑摹泐于石，甚盛举也。慨自抗战军兴，吾国东南文物悉烬凶烽，是碑所在之地，沦胥已久。虽光复可期，而国仇未翦。睹斯刻也，令人雄心奋发，益增收拾河山之感矣。资中张玉阶敬识。

跋文三：

　　三苏祠旧藏有东坡表忠观碑石拓，待刊有年矣。庚辰岁东坡生日，乡人援例聚拜，予归皖南，得与其盛。坐中索观此拓，殆已残缺不完，深为叹息。明年辛巳岁丰，祠有余款，乃商诸民教馆馆长夏君眉寿，谋刊诸石。予谬应钩摹，逾年始竣。其间残缺之"芜""旹"二字，钩自乐山王述怀家，余则从家藏残帖中钩补之。幸原文无脱落，俾后之观者得窥全豹，亦景仰先贤之意也。壬午夏乡人陈秉哲顿首跋。

表忠观碑

苏轼

朝奉郎尚书祠部员外郎直史馆权知徐州军州事骑都尉苏轼撰并书。

熙宁十年十月戊子,资政殿大学士右谏议大夫知杭州军州事臣抃言:"故吴越国王钱氏坟庙及其父祖妃夫人子孙之坟,在钱塘者二十有六,在临安者十有一,皆芜废不治。父老过之,有流涕者。谨按故武肃王镠,始以乡兵破走黄巢,名闻江淮,复以八都兵讨刘汉宏,并越州以奉董昌,而自居于杭。及昌以越叛,则诛昌而并越,尽有浙东西之地。传其子文穆王元瓘,至其孙忠献王仁佐,遂破李景兵,取福州。而仁佐之弟忠懿王俶,又大出兵攻景,以迎周世宗之师。其后卒以国入觐。三世四王,与五代相终始。天下大乱,豪杰蜂起。方是时,以数州之地盗名字者,不可胜数。既覆其族,延及于无辜之民,罔有孑遗。而吴越地方千里,带甲十万,铸山煮海,象犀珠玉之富,甲于天下,然终不失臣节,贡献相望于道。是以其民至于老死不识兵革,四时嬉游歌鼓之声相闻,至于今不废,其有德于斯民甚厚。皇宋受命,四方僭乱以次削平。而蜀、江南负其险远,兵至城下,力屈势穷,然后束手。而河东刘氏、百战守死,以抗王师,积骸为城,酾血为池,竭天下之力,仅乃克之。独吴越不待告命,封府库,籍郡县,请吏于朝。视去其国如去传舍,其有功于朝廷甚大。昔窦融以河西归汉,光武诏右扶风修理其父祖坟茔,祠以太牢。今钱氏功德,殆过于融,而未及百年,坟庙不治,行道伤嗟,甚非所以劝奖忠臣、慰答民心之义也。臣愿以龙山废佛祠曰妙因院者为观,使钱氏之孙为道士曰自然者居之。凡坟庙之在钱塘者,以付自然。其在临安者,以付其县之净土寺僧曰道微。岁各度其徒一人，使世掌之。籍其地之所入，以时修其祠宇，封殖其草木。有不治者，县令丞察之，甚者易其人。庶几永终不坠，以称朝廷待钱氏之意。臣抃昧死以闻。"制曰："可"。其妙因院改赐名曰表忠观。铭曰：

天目之山，苕水出焉。龙飞凤舞，萃于临安。
笃生异人，绝类离群。奋梃大呼，从者如云。
仰天誓江，月星晦蒙。强弩射潮，江海为东。
杀宏诛昌，奄有吴越。金券玉册，虎符龙节。
大城其居，包络山川。左江右湖，控引岛蛮。
岁时归休，以燕父老。曄如神人，玉带毬马。
四十一年，寅畏小心。厥篚相望，大贝南金。
五朝昏乱，罔堪托国。三王相承，以待有德。
既获所归，弗谋弗咨。先王之志，我维行之。
天胙忠孝，世有爵邑。允文允武，子孙千亿。
帝谓守臣，治其祠坟。毋俾樵牧，愧其后昆。
龙山之阳，岿焉新宫。匪私于钱，惟以劝忠。
非忠无君，非孝无亲。凡百有位，视此刻文。

◆ 表忠观亭

醉翁亭记碑　丰乐亭记碑

《醉翁亭记》和《丰乐亭记》是欧阳修的散文名篇。欧阳修（1007—1072），字永叔，号醉翁，晚号六一居士，庐陵（今江西吉安）人，宋代政治家、文学家。北宋中叶的文坛泰斗，并积极倡导诗文革新运动，成为继唐代韩愈、柳宗元之后宋代古文运动领袖。累官至西京留守推官、馆阁校勘、太常丞知谏院、滁州知州、礼部侍郎、参知政事等职。

宋仁宗庆历五年（1045），欧阳修任滁州知州，在游览琅琊山时结识了高僧智仙，智仙在山麓建造了一座小亭，欧阳修时常同朋友到亭中游乐饮酒，因"太守与客来饮于此，饮少辄醉，而年又最高，故自号曰醉翁也"，"醉翁亭"因此得名。欧阳修为此作《醉翁亭记》。第二年，欧阳修游滁州城西丰山，品尝到甘甜的泉水，并在源头的空地建造了丰乐亭，写下了名篇《丰乐亭记》。据《舆地纪胜》载："淮南路滁州：丰乐亭，在幽谷寺。庆历中，太守欧阳修建。"（嘉庆）《大清一统志》载："丰乐亭在州西南琅琊山幽谷泉上。宋欧阳修

◆ 醉翁亭

建，自为记，苏轼书，刻石。"

据记载，《醉翁亭记》原碑由欧阳修自书刻石，立于安徽滁州琅琊山醉翁亭旁。后终因字划褊浅，字迹模糊湮灭而不存世。宋哲宗元祐六年（1091），苏轼出知颍州时，应滁州知州王诏之请，用楷书重书了恩师的名文。苏轼书此碑后有一段跋文："庐陵先生以庆历八年三月己未刻石亭上。字画褊浅，恐不能传远，滁人欲改刻大字久矣。元祐六年，轼为颍州，而开封刘君季孙自高邮来，过滁。滁守河南王君诏请以滁人之意，求书于轼。轼于先生为门下士，不可以辞。十一月乙巳，眉山苏轼书。"据传，苏轼书《醉翁亭记》碑一出，拓碑者为之塞途。但遗憾的是，因所谓的"元祐党争"之故，此碑毁于宋徽宗崇宁年间。欧阳修《丰乐亭记》文，有无自书刻石，无从考证，但从苏轼跋文中"求书于轼"来看，后人分析，苏轼把两篇记同时书出也在情理之中。更何况（嘉庆）《大清一统志》："欧阳修建，自为记，苏轼书，刻石。"

现在大家看到的是1982年三苏祠重刻的《醉翁亭记》和《丰乐亭记》，各四通刻石。所据拓本是三苏祠藏的宋拓本翻刻。这两部宋代拓本是三苏祠博物馆的镇馆之宝，有着不寻常的由来和珍贵的纪念意义。1959年10月，是中华人民共和国成立十周年，也是三苏祠修缮完成、成立三苏纪念馆并对外开放之际，北京故宫博物院为了支持三苏祠，无偿调赠了院藏的宋拓本《醉翁亭记》和《丰乐亭记》给当时的三苏纪念馆，因此可知其珍贵和价值。此外，在《醉翁亭记》楷书碑的背后，还依明拓本刻制了苏轼草书《欧阳永叔醉翁亭记》碑，据说，碑文书写于广东惠州，这是难得一见的苏轼草书作品，引起了后世书画家的极大兴趣，书后有赵孟頫、宋昌离、吴宽、沈周、刘巡、刘汉蔡、刘祐、文彭八位明代书画鉴赏家的题跋，他们对苏轼草书大加赞赏。称赞苏轼书法楷、行、草杂糅其间，其书法神韵独特，世间无有！

柳州罗池庙迎享送神诗碑

LIU / ZHOU / LUO / CHI / MIAO / YING / XIANG / SONG / SHEN / SHI / BEI

《柳州罗池庙迎享送神诗碑》是苏轼所书的韩愈《柳州罗池庙》文中颂辞部分，该碑的赞词部分用《楚辞》"骚体"风格来写的，因此称《柳州罗池庙迎享送神诗碑》。诗碑的第一句诗是"荔子丹兮焦黄"，故又名《荔子碑》，眉山人俗称《柳州碑》。柳宗元（773—819），字子厚，河东（今山西永济县）人，世称"柳河东"。唐代文学家，唐宋古文运动的倡导者。累官至校书郎、兰田县尉、监察御史、柳州刺史等。因柳宗元曾任柳州刺史，因此人称"柳柳州"。柳宗元在任有政德，柳州人们在广西马平县罗池为其建柳侯祠以祭祀，并请韩愈作碑记其事迹。同时，韩愈还作有《迎享送神诗》。宋哲宗绍圣元年（1094），苏轼在惠州，因对柳宗元的为文为人都极为倾慕，又同情他去世于贬所的不幸遭遇，所以，应柳州民众之请，书写了韩愈祭文中的颂辞部分，后刻成诗碑，立于柳侯祭祀祠中。

《柳州罗池庙迎享送神诗碑》在后世又被称誉为"三绝碑"，三绝碑一般应具备三个条件，即碑文、书法、刻工皆精绝，这通碑除具备以上条件外，还有一大不同，即韩愈的祭诗、柳宗元的事迹、苏轼的书法，"唐宋八大家"在这通碑就占了三家，可谓绝中之绝，故又号称"东坡第一碑"。三苏祠藏《柳州罗池庙迎享送神诗碑》共有两通不同时期的刻石。一是清代康熙四十四年（1705），眉州知州金一凤主持镌刻。有跋文："此苏长公所书柳州碑也，康熙乙酉州牧金一凤谨勒于石。"后因剥蚀严重，字迹模糊不清，二是民国五年（1916），眉山

◆ 柳州碑（民国）　　　　　◆ 柳州碑（清代）

人郭庆琮双钩勒石，眉山人王龙山刻。有跋文一则："此苏文忠公所书柳州碑也，州牧金一凤旧刻磨灭殆尽。昨从友人张幼泉得所藏宋拓本双钩勒石，特记其始末云，民国五年邑人郭庆琮谨识。"这两通碑体量较大，苏轼书法也有其独特之处，从文字上看，碑字小者10厘米，字大者有19厘米之多，是苏轼率性而为的表现，从用笔来看，笔势开张，不守绳墨，时出险笔。从时间上看，此书是四大楷书名碑的最晚作品，当时的苏轼五十七岁，年已近六旬的他，人书俱老，绳墨不羁，洒脱出格。后人评道："但观其拓本书迹，俊逸厚重，有凌然之势，非东坡莫属。"

看过苏轼楷书四大名碑之后,再给大家介绍碑廊中保存的其他有代表性的书法作品。

◆ 碑廊

苏轼临颜真卿争座位帖碑

颜真卿（709—785），字清臣，京兆万年（今陕西西安）人，唐代名臣、书法家。其楷书被称为"颜体"，与柳公权并称"颜柳"，素有"颜筋柳骨"之誉。《颜真卿争座位帖》亦称《论座帖》，又称《与郭仆射书》，是颜真卿在唐广德二年(764)写给定襄王郭英乂的书信手稿。为六十四行古诗，七页纸，行草书。

颜真卿给定襄王郭英乂信件的内容是争论文武百官在朝廷宴会中的座次问题，颜真卿认为"乡里上齿，宗庙上爵，朝廷上位，皆有等"，然而，郭英乂为了献媚宦官鱼朝恩，在菩提寺行及兴道之会时，两次把鱼朝恩排于尚书之前，抬高宦官的座次，颜真卿在信中严厉斥责和严正告诫，刚烈之气跃然纸上。全篇文字劲挺豁达，姿态飞扬，显示了他刚强耿直而朴实敦厚的性格，反映出他仗义执言、刚正不阿的精神。此帖为行草书，其迹传有七纸，历来与王羲之的《兰亭序》并称行书双璧。苏轼见其迹说："此比公他书尤为奇特，信手自出，动有姿态。"米芾认为："此帖为颜书第一。"

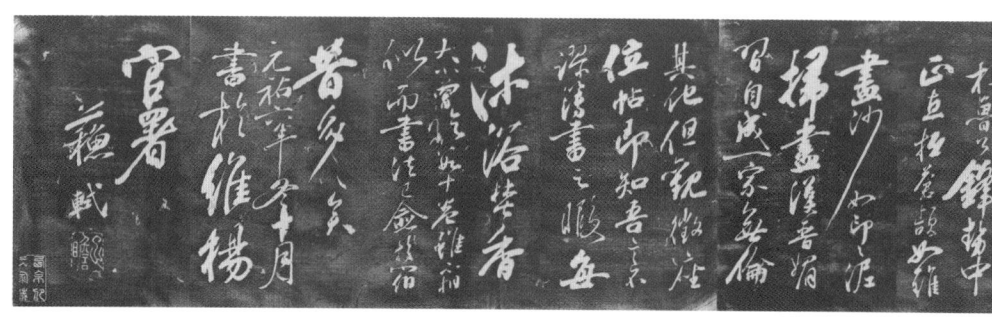

◆ 苏轼临颜真卿争座位帖拓片（苏轼跋文）

在宋时，此帖已为世人所重。宋四大家几乎全部都有临颜帖的得意之作，尤其是苏轼，临摹过数十卷，而且，每次临摹前都要沐浴焚香，十分虔诚。保存下来的这件临帖是苏轼在元祐六年（1091）十月临习的，当时苏轼在扬州任职（与曾枣庄《三苏评传》中苏轼年谱记载不符）。试想，如果没有苏轼的临帖，我们就无法见到苏轼临帖中的书法神韵，无法体会苏轼对颜真卿的无比崇敬和对此帖的虔诚之心。唐代颜真卿的原帖和宋代苏轼的临帖，相距三百年，书法风采各具魅力，使得这件作品具有更大的影响力。

《苏轼临颜真卿争座位帖》，刻石共八通，其中最后一通为苏轼跋文，文中说明临摹原委及对颜真卿书帖的评价。

予尝谓：画至吴道子，文到欧阳，书至颜鲁公，天下之能事毕矣。或曰，画、文然矣。至于书法，汉有崔、张，晋有羲、献，安能以鲁公独擅其长哉。予曰："不然。"上古之世，惟有篆文而无草、隶书，向在天府，曾蒙恩赐览书画，见上古遗文笔迹，中锋直下，绝无媚态。汉晋以来，专以侧锋取妍，大失古人本旨。至于鲁公，锋势中正，直抵仓颉，如锥画沙，如印印泥，扫尽汉晋媚习，自成一家。无伦其他，但观《争座位帖》，即知吾言不谬。簿书之暇，每沐浴焚香，大小曾临数十卷，虽不相似，而书法已金于宿昔多多矣。元祐六年冬十月书于维扬官署。苏轼。

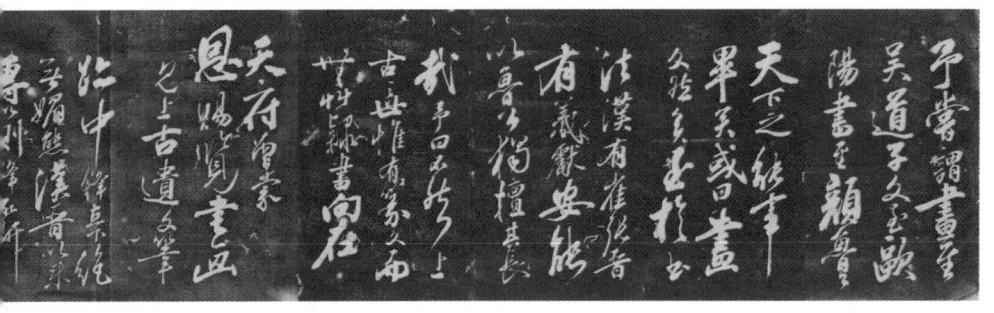

楚颂帖碑

CHU / SONG / TIE / BEI

《楚颂帖》是苏轼少有的草书作品。

吾来阳羡,船入荆溪,意思豁然,如惬平生之欲。逝将归老,殆是前缘。王逸少云:"我卒当以乐死。"殆非虚言。吾性好种植。能手自接果木,尤好栽橘。阳羡在洞庭上,柑橘栽至易得。当买一小园,种柑橘三百本。屈原作《橘颂》,吾园若成,当作一亭,名之曰:"楚颂。"元丰七年十月二日,东坡居士轼书。

宋神宗元丰七年(1084),"乌台诗案"终于告一段落,苏轼从湖北黄州量移汝州(今河南平顶山),职务仍是团练副使。虽然说是"量移"这样的平级调动,但没有了"本州安置不得签书公事"的限制条件,这是朝廷要起用苏轼的一个信号。而此时的苏轼,历经坎坷和劫难,归隐之心更加浓厚,于是上书请求在阳羡居住,皇帝批准了他的请求。苏轼非常高兴,立即掉头,准备南下阳羡。"吾来阳羡,船入荆溪,意思豁然,如惬平生之欲",帖的第一句话,足以看出苏轼惬意的心情。苏轼为什么选择阳羡呢?说来话长。

阳羡就是现在的江苏省宜兴县,古称"阳羡"或"荆邑"。宜兴,宋时属于常州管辖(现属无锡市)。早在神宗熙宁七年(1074),苏轼在杭州时,就委托友人在阳羡买田,想让家里人在此久居。也就是说,十年前苏轼就有居住阳羡的想法,并付诸了一定的行动,这在苏轼的《阳羡帖》中也提及:"轼虽已买田阳羡,然亦未足伏腊",十年之后,家中人口增加,原有的田产已经不够了。这是苏轼想要居住的原因之一。其次,苏轼在任期间,经常往返于杭州、常州、润州等地,有学者统计说,苏轼在阳羡和常州因公务来往和停留就有十多次,也结交了许多朋友。此外,还有一个最为主要的原因,就是阳羡美丽的山水,与家乡的山水十分相似,对苏轼来讲,有一种精神上的寄托。阳羡地处江南平原,境内只有丁山和独山两座丘陵小山。当年,苏轼与友人游独山时,感叹地说道"此山似蜀!"就因为苏轼这句话,"独山"后来改名叫"蜀山",沿用至今。紫砂名镇"丁蜀镇"也由此得名。宜兴是紫砂的产地,在当地还流传着一些有关苏轼与宜兴紫砂的传说,最有影响的就是"东坡提梁壶"。苏轼在《归宜兴·留题竹西寺》中写有"十年归梦寄西风,此去真为田舍翁。剩觅蜀冈新井水,要携乡味过江东",在《菩萨蛮》中有"买田阳羡吾将老,从来只为溪山好。

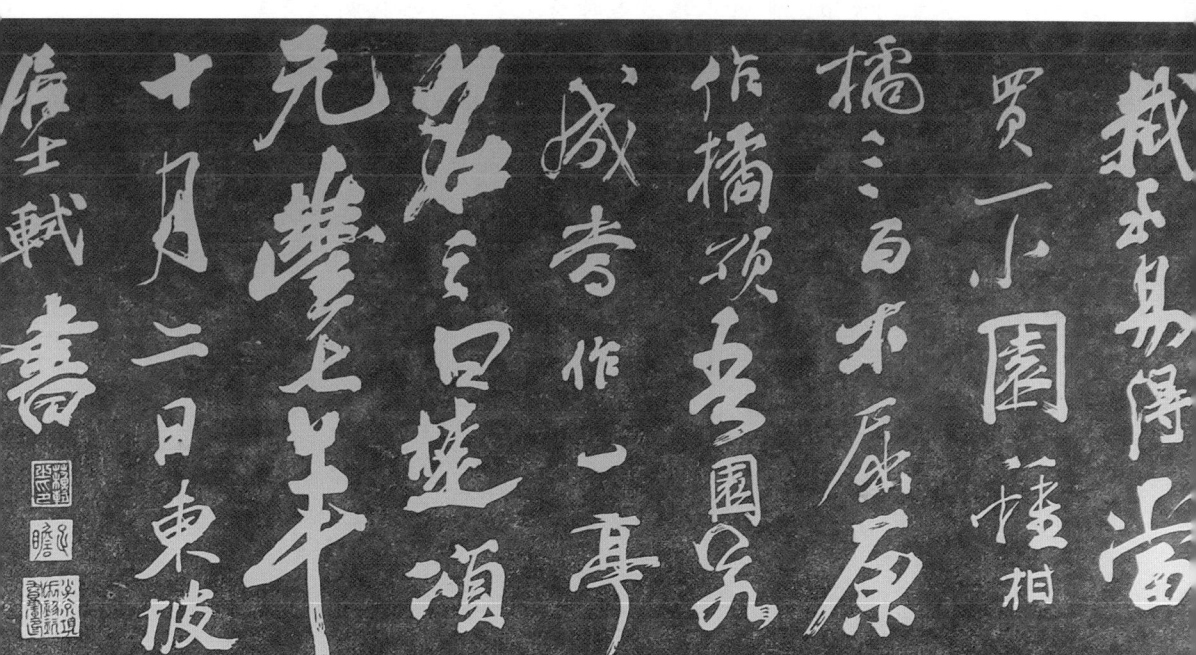

◆ 楚颂帖拓片(局部)

来往一虚舟，聊从造物游"。保存至今的有"宜兴东坡书院"，书院旁就是宜兴东坡小学。苏轼晚年北归之后，一直居住于常州的藤花旧馆，后在原址上改为"常州苏东坡纪念馆"。帖的最后有元代大书法家赵孟頫，明代书画家唐伯虎、董其昌的跋文。

东坡公欲买园种橘于荆溪上，然志竟不遂，岂造物者当有所靳耶！而楚颂一帖，传之后世为不朽，则又非造物有所能靳也。

吴兴　赵孟頫题

苏文忠公东坡先生此书，笔势雄杰，结构奇古，虽颜平原、柳谏议不能过也。余门至艺也，君子贵之，艺之美也，况大贤手泽，流传于后，与世俱存。公之在盛宋，而其名天下重之，不特文章翰墨已也。而学问渊深，立朝大节，于世琅琅，当时与米南宫、蔡端明、黄文节为四大家，推公第一。今也来归项氏，诚希代奇珍。余生也晚，恭睹遗墨，肃然起敬，蔼然可亲，凛然起敬，如公之在也。其真有感发也夫，其真有兴起也。是日，与祝京兆同观，主人索题回书。唐寅

癸亥十月，过檇李，观东坡种橘卷真迹。华亭董其昌

洞庭春色赋·中山松醪赋碑

DONG / TING / CHUN / SE / FU · ZHONG / SHAN / SONG / LAO / FU / BEI

《洞庭春色赋》《中山松醪赋》是两篇与酒有关的文章。合卷书写于绍圣元年（1094）。但文章的创作时间分别是元祐七年（1092）冬的京城开封，元祐八年（1093）十二月定州。这三年时间对苏轼来讲意味着什么？这件作品的创作背景值得我们解读一番。

元祐六年（1091）三月，苏轼从杭州回到京城任翰林学士、知制诰，兼侍读。八月出知颍州，安定郡王赵世淮的儿子赵德麟当时任颍州签判，对苏轼十分友善。元祐七年（1092）冬，苏轼从扬州回到京城汴梁，赵德麟向苏轼赠送了"洞庭春色酒"，所以，赋的引文中说："安定郡王以黄柑酿酒，名之曰'洞庭春色'。其犹子德麟得之以饷予。"苏轼乘兴作了《洞庭春色赋》。元祐七年（1092）苏轼由颍州改知扬州，八月又以兵部尚书召还，九月到京城，兼任侍读，又迁升为端明殿学士兼翰林侍读学士，也就是皇帝的老师。元祐八年（1093）宋哲宗亲政，九月，苏轼再贬定州。苏轼身为哲宗的老师，临行前想当面辞行，但却未能如愿，苏轼被彻底抛入政治斗争的深渊。在定州，苏轼以松醪酿酒，因定州古为中山国，而取名"中山松醪"，并作《中山松醪赋》。"赋以《远游》而续《离骚》"，苏轼提及屈原的作品，足见其被放逐的心情。半年之后，苏轼再贬英州（今广东英德），还未到达，又接到新的诏命，被贬惠州（今广东惠州），一连串的打击，使苏轼心力交瘁。绍圣元年（1094）四月，苏轼以近六十高龄，车马劳累赶赴贬所，在襄邑（今河南睢县）

苏祠漫步——三苏祠导览解说词

时遇大雨而滞留，书写了《洞庭春色赋》和《中山松醪赋》，未注明书写后的情况。但据1991年刘正成主编的《中国书法全集·苏轼》中说："苏轼在韦城（今河南滑县）遇好友张传正的外甥欧阳思仲，张传正十分喜爱他作的《洞庭春色赋》，于是，苏轼便将前不久的《中山松醪赋》一并书写，让欧阳仲思转给张传正，以作赠别，当然也是寻求一种深刻的理解。苏轼心中有极大的不平需要抒发，为此，他非常认真取出李氏澄心堂的纸，杭州程奕的笔，张传正赠送给他的易水供堂墨，完成了他晚年的大型的、精心的代表作品。"其实，刘正成主编的《中国书法全集·苏轼》中已经收录了苏轼在文章后面的跋文，说明了是"将适岭表，遇大雨留襄邑书此"，不知以上分析从何而来。

值得一说的是，这件书法作品原收藏于故宫博物院，1983年在吉林被发现，《吉林日报》还特别说明"此墨迹盖溥仪自北京潜携至伪满帝宫而后流失者"。也就是说，这件作品是清朝末代皇帝溥仪离开北京时，携带诸多文物古籍至吉林伪满帝宫，后散失于民间，继又失而复得的。在《洞庭春色赋》《中山松醪赋》合卷入藏吉林省博物馆时，还发现墨迹附有一则"后记"，说明了书写的时间和原委，这是在苏轼文集中所没有的。

◆ 洞庭春色赋·中山松醪赋（合卷）

始安定郡王以黄柑酿酒，其犹子德麟得之以饷予，戏为作赋。后予为中山守，以松节酿酒，复为赋之。以其事同而文类，故录为一卷。绍圣元年闰四月二十一日，将适岭表，遇大雨，留襄邑，书此。东坡居士记。

洞庭春色赋并引

安定郡王以黄柑酿酒，名之曰"洞庭春色"。其犹子德麟得之以饷予，戏作赋曰：

吾闻橘中之乐，不减商山。岂霜余之不食，而四老人者游戏于其间？悟此世之泡幻，藏千里于一斑。举枣叶之有余，纳芥子其何艰？宜贤王之达观，寄逸想于人寰。袅袅兮秋风，泛天宇兮清闲。吹洞庭之白浪，涨北渚之苍湾。携佳人而往游，勒雾鬓与风鬟。命黄头之千奴，卷震泽而与俱还，糅以二米之禾，藉以三脊之菅。忽云蒸而冰解，旋珠零而涕潸。翠勺银罂，紫络青纶。随属车之鸱夷，款木门之铜镮。分帝觞之余沥，幸公子之破悭。我洗盏而起尝，散腰足之痹顽。尽三江于一吸，吞鱼龙之神奸。醉梦纷纭，始如髦蛮，鼓包山之桂楫，扣林屋之琼关。卧松风之瑟缩，揭春溜之淙潺。追范蠡于渺茫，吊夫差之恭鳏。属此觞于西子，洗亡国之愁颜。

惊罗袜之尘飞，失舞袖之弓弯。觉而赋之，以授公子曰：呜呼噫嘻！吾言夸矣。公子其为我删之。

中山松醪赋

始予宵济于衡漳，车徒涉而夜号。燧松明而识浅，散星宿于亭皋。郁风中之香雾，若诉予以不遭。岂千岁之妙质，而死斤斧于鸿毛。效区区之寸明，曾何异于束蒿？烂文章之纠缠，惊节解而流膏。嗟构厦其已远，尚药石之可曹。收薄用于桑榆，制中山之松醪。救尔灰烬之中，免尔萤爝之劳。取通明于盘错，出肪泽于烹熬。与黍麦而皆熟，沸春声之嘈嘈。味甘余而小苦，叹幽姿之独高。知甘酸之易坏，笑凉州之蒲萄。似玉池之生肥，非内府之烝羔。酌以瘿藤之纹樽，荐以石蟹之霜螯。曾日饮之几何？觉天刑之可逃。投拄杖而起行，罢儿童之抑搔。望西山之咫尺，欲褰裳以游遨。跨超峰之奔鹿，接挂壁之飞猱。遂从此而入海，渺翻天之云涛。使夫嵇、阮之伦，与八仙之群豪。或骑麟而翳凤，争榼挈而瓢操。颠倒白纶巾，淋漓宫锦袍。追东坡而不可及，归哺歠其醨糟。漱松风于齿牙，犹足以赋《远游》而续《离骚》也。

苏轼是文人画的倡导者，他认为"论画与形式，见与儿童邻"，绘画不能只讲形式，而是要讲神韵，讲意境，讲主观激情。这种将诗书画融为一体的风格，后人称之为文人画或士人画。苏轼擅长创作枯木丛竹、人物花鸟等，与宋代著名画家文同创立湖州墨竹派，画史称"文苏"。传世作品有《墨竹》《枯木竹石图》《潇湘竹石图》，在三苏祠的碑廊中有两件绘画作品碑，可供欣赏。

◆ 苏轼《枯木竹石图》（局部）

苏文忠公墨竹图碑

SU / WEN / ZHONG / GONG / MO / ZHU / TU / BEI

  碑刻于清嘉庆二十年（1815）冬，共两通。一通为苏轼所绘《东坡墨竹图碑》，画面左上部分绘墨竹两枝，节叶俏丽，神形兼备，竹叶或浓或淡，墨趣盎然。右下角题款："绍圣元年三月作，东坡居士。"绍圣元年即公元1094年，苏轼在定州任知州时所绘。题款左右有收藏印四枚："欈李""项元汴印""项子京家珍藏""天籁阁"。另一通则是清嘉庆二十年（1815）四川成都知府李尧栋序文碑，文中详细记载了图的来历与镌刻石碑经过。

  苏文忠公墨竹，得文湖州一派，此其真迹也。旧为嘉兴项氏天籁阁所藏，前数年，余自里中得之。翠墨如湿，用笔浑脱圆劲，与公书法酷类，游戏得自在，兼入竹三昧。斯语不当还以赠公耶？署款绍圣元年三月，盖在中山军府，雪浪斋中笔也。按：哲宗元祐八年六月，公以端明殿学士兼翰林侍读学士除定州路安抚使。明年岁在甲戌，正月改元绍圣。绍述之议，与吕大防、范纯仁等相继罢去。四月壬子，以虞策、来之邵言公前掌制命，语涉讥讪，落两职，依前左朝议郎知英州。未到任，虞策又言罪罚未当。六月追一官，以左承议郎责授宁远军节度副使惠州安置。墨竹作于三月，则犹未被议时也。方公帅中山，辟李端叔、孙子发为幕官，而滕兴公、曾仲锡为定倅。时国是将变，公念相从之日益难。五人者每辨色集公厅，领所事竟，辄相与游戏于文词翰墨，穷日力尽欢而罢。度其时，公所作画，当不仅此竹。而此竹独流传于今，为可宝也。观公《祭韩忠献公文》及《书松醪赋后》，公到定州在癸酉十月。其赴英也，以甲戌闰四月，则此为公定州所作，固无疑者。而余独意公之所以作此者，盖有托焉。何则？三月二十日多叶杏盛开，公赋诗落句云：明年花开时，举酒望三巴。自注云："盖欲请梓州而归也。"同日复有《开园三首》，其末云："何时翠竹江村路，送我柴门月色新。"及初贬英州，过杞，赠马梦得曰："万古仇池穴，归心负雪堂。殷勤竹里梦，

◆ 苏文忠公墨竹图

犹自数山王。"合观数诗，公之倦倦于竹，即公之倦倦于归也。凡人心有所结辖不得遂，而言声之，而笔形之。公之为此画也，正介其江村翠竹，殷勤梦想之时。是岂徒状其偃仰自得之致，风雪凌厉之操，以恣其游戏哉！又公尝为《与可作墨君堂记》言："王子猷谓竹君，天下从而君子"。与可能以墨象君之形容，作堂以居君。吾愿从与可求君之昆弟、子孙、族属、朋友之象，而藏于吾室，以为君之别馆。余即窃意此竹为公归思之所托，而又感公是言，因为摹泐上石，以置于公眉州之祠。俾公之后人及眉州之人士，得见公遗迹，不啻如见公焉，盖以深其向慕无已之心，而于公当日欲馆藏于室之意，不识亦有合焉否乎？

嘉庆二十年，岁在乙亥冬日，山阴李尧栋书

李尧栋（1753—1821），字东采、松云，号松堂，浙江山阴人。清乾隆三十七年（1772）进士，入翰林院，为庶吉士。嘉庆十九年（1814），曾为四川成都知府，还创修《四川通志》。在此期间，曾赴眉州拜谒三苏父子，在成都锦江书院文翁石室旧址上仿古制建石室于讲堂后，晚年官至湖南巡抚。从这段长长的序文，我们可以看到，李尧栋对苏轼的敬佩之情，他认为，苏轼与同僚公事之余，以画为娱，所要表现的不仅仅是聚会和绘画的场景，其在诗文和绘画中多以竹子为题材，更是表达了一种思乡情节和高风亮节的君子风范。

李尧栋序中说，"前数年，余自里中得之（墨竹图）"。李为浙江山阴人，里中当为家乡山阴县。前数年，可假设为嘉庆十九年（1814），李任四川成都知府前，持有《东坡墨竹图》真品，之后，将《东坡墨竹图》及自己的序文勒石，保存下来。李尧栋所藏的真迹又流落何方呢？有人说，现藏于美国纽约大都会博物馆，但目前已无从知晓。

刘海戏蟾图碑

LIU / HAI / XI / CHAN / TU / BEI

《刘海戏蟾图碑》是依据馆藏清代木刻翻刻所成。传为苏轼所绘赤足刘海大仙的一幅滑稽样貌,画面中,刘海弓背,手捧食物至嘴边,窃笑食之,头发蓬松高耸向右倒,如茅草,历历可数。腰带上别一酒葫芦,破衣烂衫,衣带、衣摆向左飘起,尤其是衣襟剪刀式的图案非常夸张。其肩背上趴着一只蟾蜍,蟾蜍项下吊有三串铜钱。有"苏轼"和"东坡居士"印章。另有明代王铎草书跋及印章,清代周铭旂跋文等。

《刘海戏蟾》取材于民间神话故事。有招财进宝、镇宅辟邪的作用。成语"金蝉脱壳"就源于此,《刘海砍樵》的故事流传很广。"刘海戏蟾"中刘海不羁的形象可称得上是苏轼的独举,也寄寓着他不守绳墨、不拘一格的艺术人生追求。

王铎(1592—1652),孟津(今河南孟津县)人。生活于明末清初。书画家。崇祯十六年(1643)为东阁大学士,清初任礼部尚书等职。

跋文:

世传坡翁画古□刊石□□至人物不数,数观兹作,刘海蟾出奇制胜,□□□黄住为上□□□至寥也。辛巳正月孟津王铎印。

周铭旂(1828—1913),字懋臣,号海鸥,即墨(今山东即墨市)大留村人。同治乙丑(1865)科进士。曾长期任陕西醴泉县、乾州知州、同州府（今大荔县）知府。著有《乾州志稿》《遂闲诗集》。

跋文：

　　余既刊吴道子画嵌东湖苏文忠公祠壁，旋□公画《刘海蟾》墨迹于凤翔郑氏家，上有王孟津题跋，戏笔也亦奇字也。出而与郡士大夫欣赏之。佥曰："东湖为公遗爱久矣，硕公手泽阙如。"郑氏外不闻有藏公画者，继自今并此奇之。扶风，古三辅，公遗颂渺不复存，亦郡人之憾也，请如道子画之上石者，仍嵌公祠壁间。视向者但藏郑氏家，郡之人争先快睹，殆又过之。余□□于是，前刊方就，乃复伐石而取材焉。在籍郎中周君铎原任其事，蒲城虬原生何君桂茂方主于其家，慨然□钩摹之役，爰得相与有成，并嘱余为之记。时光绪丙午秋七月，即墨周铭旂并书。

苏轼此画作于何时何地无考。据跋文可知，此画藏于郑氏家，上有明崇祯十四年（1641）河南孟津大书家王铎题跋，光绪三十二年（1906）刻石嵌于凤翔东湖苏文忠公祠壁。周铭旂在凤翔郑氏家观图并题跋。

苏轼是一个有故事的人,他生活中的逸闻趣事广为流传,接下来要介绍的两组明代碑刻就充满了趣味性。

◆ 东坡笠屐图(清·费以耕)

马券碑

MA / QUAN / BEI

在三苏祠的碑廊里，保存有两组《马券碑》，一组是两通明代碑（残），碑为竖式书写，分别为苏轼短文一篇，黄庭坚文一篇；一组为1982年翻刻碑，碑为横式四通，增刻了清代翁方纲的跋文一则。《马券碑》记载的是一个有关苏轼与弟子李方叔师生情谊的故事。先来看看苏轼的短文：

马券

苏轼

元祐元年，予初入玉堂，蒙恩赐玉鼻骍。今年出守杭州，复沾此赐。东南例乘肩舆，得一马足矣。而李方叔未有马，故以赠之。又恐方叔别获嘉马，不免卖此，故为出公据。四年四月十五日，轼书。

元祐元年（1086），苏轼回到京城汴梁，在朝中任起居舍人、中书舍人，不久，又升为翰林学士，知制诰，承蒙皇帝的恩典，赐给苏轼一匹名为玉鼻骍的御马。元祐四年（1089）三月，苏轼以龙图阁学士出任杭州知州，皇上又赐给苏轼一匹好马，可谓皇恩浩荡，苏轼非常珍惜。此时，正遇弟子李方叔落第返乡，苏轼觉得自己有一匹马就足够了，于是就大胆地将皇帝所赐的御马赠送给李方叔。但在赠马的同时，还给李方叔写了一张有关御马的凭条，即"马券"，也就是有关这匹马的身份说明。意思是说，假如李方叔另外得到了好马，不免有想卖掉御马的

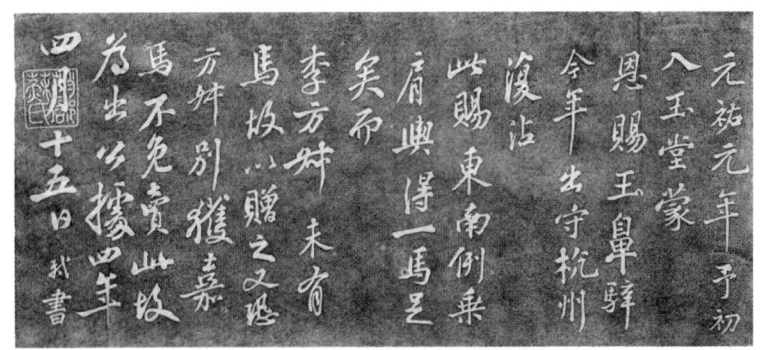

◆ 马券碑（拓片）

想法，有了这张凭条就是要让他知道，御马是不能轻易出卖的。即使到了不得已的时候，有了这张马券，也可以卖个好价钱，将来赎回时也有凭证。皇帝的恩赐，苏轼倍加珍惜，可弟子有难，苏轼却能慷慨相赠，足见其深厚的师生情谊！

众所周知，苏轼有四位得意门生，后称苏门四学士，他们是黄庭坚、秦观、张耒、晁补之，再加上后来的李廌和陈师道，又称苏门六君子。李廌，字方叔，祖籍郓州（今山东郓城），后迁徙华州（今陕西华县）。李方叔虽然六岁就成了孤儿，但他勤奋努力，以学问称乡里。元丰四年（1081），苏轼在黄州时，李方叔带着他的文章前来拜谒，苏轼称其文"笔墨澜翻，有飞沙走石之势"。又说道："子之才，万人敌也。抗之以高节，莫之能御矣。"在此期间，苏轼《答李方叔》信札就有十七封之多，充满了对李方叔的关心和鼓励。元祐三年（1088），苏轼任礼部尚书，主持礼部贡举考试，李方叔参加了考试，但遗憾的是落榜了，苏轼感叹道："廌虽在山林，其文有锦衣玉食气。弃奇宝于路隅，昔人所叹，我曹得无意哉？"于是，作《余与李廌方叔相知久矣，领贡举事，而李不得第，愧甚，作诗送之》，送别李方叔，也就有了《马券》一则和赠马佳话。

同为苏门学士，又是苏轼好友的黄庭坚，对苏轼此举大加赞赏，也作文一篇赠予李方叔，希望李方叔能懂得珍惜。

跋东坡所作马券

黄庭坚

翰林苏子瞻所得天厩马，其所从来甚宠，加以妙墨作券，此马价应十倍。方叔豆羹常不继，将不能有此马，御如富贵之家，辄曰："非良马也，故不应入天厩。虽饶马，其知名绝足亦时有之尔，岂可求锡马尽良也？或又责方叔受翰林公之惠，当乘之往来田间，安用汲汲索钱。此又不识蛘痛者从旁论砭疽尔，甚穷亦难忍哉！使有义士能捐廿万并券与马取之，不唯解方叔之倒悬，亦足以豪矣。众不可。盖遇人中磊磊者，试以余书示之。元祐四年十月甲寅，黄庭坚书赠李方叔。

明代《马券碑》保存至今的只有两通，因为从文字上看，黄庭坚诗文没有录全，从可以辨识的"难忍哉"之后，还有两句及落款。1982年翻刻了此碑，主要是依据眉州石刻旧拓本摹补的，遗憾的是，苏辙诗内容剥蚀严重，又无其他拓本资料，因此无法恢复墨迹。末尾增刻了清代翁方纲跋文。

嘉禾陆宣公祠石刻苏文忠玉鼻骍券，山谷跋阙五行十八字，谨以眉州石刻旧拓本摹补。北平翁方纲。

东坡盘陀画像碑

DONG / PO / PAN / TUO / HUA / XIANG / BEI

苏轼的容貌究竟是什么样子呢？这是大家最为感兴趣的话题，历代传世的画像也有许多，可哪一幅更接近东坡的本貌？就让我们从这通《东坡盘陀画像碑》中去寻找一些答案吧！

《东坡盘陀画像碑》是明洪武二十九年（1396）十月，眉州知州赵从矩依原碑翻刻，原石已不存。碑也是三苏祠在明末兵火中所幸存的"五碑一钟"之一。碑的核心部分是李公麟画的"东坡盘陀画像"，画中，苏轼坐于水中盘石上，其面微侧，三绺胡须飘洒胸前，黄冠野服，双手按藤杖于膝上，形态自若。

李公麟是宋代著名画家，从史料上记载，他曾多次为东坡画像。特别是元祐时期，苏轼与李公麟书画往来较多，李公麟多次为苏轼画像，其中，元祐三年（1088）九月的那次记载较为详细。起因是这样的，苏轼的好友，成都葆光道师蹇拱辰要离开京城了，苏轼手抄《黄

◆ 东坡盘陀画像碑（明代）

庭内景经》赠别葆光道师，末尾写道："余既书《黄庭内景经》，以赠葆光道师。而龙眠居士复为作经相其前，而画余二人像其后。笔势隽妙，遂为希世之宝。嗟叹不足，故复赞之。""李伯时画予真，且自画其像，故赞云殿以二士。"李公麟不仅为葆光道师画像，而且还将苏轼和李公麟自画像画在苏轼抄写的经文的最后，其精妙的笔法，被苏轼誉为稀世之宝，苏轼用"真"来形容自己的画像。黄庭坚在《跋东坡书帖后》讲道："庐州李伯时近作子瞻按藤杖，坐盘石，极似其醉时意态。此纸妙天下。"看来，李公麟所绘的东坡按藤杖，坐在盘石上的像，得到东坡的认可，而黄庭坚则用"纸妙天下"来形容其流传之广。

碑的上部是苏辙题额和黄庭坚赞词。

苏辙题额为：

乐哉子瞻，居水中坻。野衣黄冠，非世所羁。
横策欲言，问者为谁？我欲褰裳，溯游从之。
有叩而鸣，亦发我私。人曰吾兄，我曰吾师。

李伯时笔，子由词
元祐五年五月十六日

黄庭坚赞词：

元祐中龙眠李伯时作东坡先生画像。

元符中江南黄庭坚赞：子瞻堂堂，出于峨眉，司马、严、扬。金门石渠，阅士如墙。上前论事，释之冯唐。言语以为阶，而投诸云梦之黄。东坡之酒，赤壁之笛，嬉笑怒骂，皆成文章。解羁而归，紫微玉堂。子瞻之德，未变于初，而名之曰元祐之党，放之珠崖儋耳，方其金门石渠，不自知其东坡赤壁也；及其东坡赤壁，不自意其紫微玉堂也；及其紫微玉堂，不自知其珠崖儋耳也。

九州四海，知有东坡。东坡归矣，民笑且歌。义形于色，为国山河。一朝不朝，其间容戈。至其一丘一壑，则无如此道人何！

因为这是一通翻刻的碑，原碑年代不详，碑的下角有一段文字：

洪武丙子孟冬毂旦，奉训大夫眉州知州赵从矩更石。儒学正丁济篆额，训导张迪书，朱安镌。

李公麟绘的《东坡盘陀像》应该说很接近苏轼本貌。其实，对自己的容貌苏轼本人为我们提供了依据。元祐八年（1093），五十八岁的他在京城任端明殿学士、左朝奉郎、礼部尚书。而他的表弟程德孺在朝中以右朝奉郎为主客郎中之职，两人同朝为官。六月的某一天，正好是程德孺的生日，苏轼在《表弟程德孺生日》诗中写有："仗下千官散紫庭，微闻偶语说苏、程。长身自昔传甥舅，寿骨遥知是弟兄。"从这两句可以得知，苏轼本人身体的特点有两个：身材修长和寿骨贯耳。而且，在这一句后还有一段自注："予与君皆寿骨贯耳，班列中多指予二人，不问而知其为中表也。"也就是说，苏轼与表弟程德孺一同上朝，在朝班行列的人群中，因为修长的身材和寿骨贯耳的特点，别人不用问就知道他们是表兄弟。

苏祠漫步 ——三苏祠导览解说词

到三苏祠来参观，可能还有一个绕不开的话题，那就是有关苏氏家族的情况，尽管我们在启贤堂通过苏氏家族陈列对此有所说明，但三苏后代回过眉山吗？现在还有三苏后人生活在眉山吗？这仍然是大家关心的问题。总的来讲，因为历史的原因，三苏的后裔在外地的居多，但南宋时期的苏符晚年生活在眉山，在此，我们用《苏符行状碑》来说一说。

◆ 苏洵墓（清代）

苏符行状碑

SU / FU / XING / ZHUANG / BEI

1983年,眉山修文乡十字卡村苏符墓中出土了《苏符行状碑》。行状即生平事迹。苏符是苏轼长子苏迈的儿子,官至礼部尚书,晚年归蜀,自号白鹤翁,南宋绍兴三十一年(1161)葬于眉山修文乡苏家祖茔。碑文由苏符之子苏山撰文,侄婿范仲岂书。《苏符行状碑》记载:"(苏符)以三十一年(绍兴)十二月己酉葬于眉山县修文乡顺化里。"又"且得浮丘故址,因自号白鹤翁。晚归蜀,父老皆欢呼前迎"。修文乡安道里是苏家祖茔,当地人称大、小苏坟园。因苏符官至三品,礼部尚书,墓葬规模大,规格高,因此称为大苏坟园。苏轼在为爷爷苏序撰写的《苏廷评行状》中讲道:"庆历七年(1047)五月十一日终于家,享年七十有五。以八年二月某日葬于眉山县修文乡安道里先茔之侧。"因此,先茔称为小苏坟园。苏序生活的时代,坟茔所在地为修文乡安道里,南宋绍兴年间改为顺化里,1983年为十字卡村,地名有所变化。

与《苏符行状碑》同时出土的还有清光绪十年(1884)苏符墓碑一通,碑正中书"宋礼部尚书苏公符白鹤翁墓"。还有专门烧制的铭文砖"有宋大宗伯苏公墓"和"白鹤翁墓"等。历史上的苏家祖茔,除了有大、小苏坟园外,还有祀祠、族谱亭、东坡书院等遗迹,惜已不存。苏家的墓地在眉山有两处,一处是位于眉山之西山修文乡安道里的西茔(修文乡十字卡村)。另一处位于眉山之东山安镇乡可龙里(土地乡公益村)的东茔,安葬的是苏洵夫妇及苏轼前妻王弗。

苏符行状

苏山

先公姓苏氏，字仲虎，讳符，世家眉山。曾王父讳洵，王父讳轼，父讳迈，母石氏，故中书舍人昌言之孙。先公幼力学，负大志，逮事东坡公凡十五年，特器之。尝侍行岭表，畀以微言。党事再起，摈元祐公卿之世不用。益闭户读书，守家学自珍。至叔祖黄门公殁，始以遗恩授假将仕郎，调随州司刑曹事，丞蔡州确山县，为秦凤路经略安抚司干办公事。建炎初，以审察召，上以为能世其家，特改宣教郎，擢国子丞，改司农丞，迁仓部职方外郎，知蜀州。绍兴初，再召。宣抚使张公浚以便宜留之，移夔州路提点刑狱，未赴。又召，既对，赐进士出身，除司勋司封外郎兼资善堂赞读，迁秘书少监，兼修《哲宗实录》，赐五品服。历太常少卿，起居郎，拜中书舍人，进兼翊善，赐三品服，充国信计议使，除给事中，复充贺正旦使，拜礼部侍郎，进尚书。已而，兼侍读。以议礼不合，免所居官。久之，得提举江州太平观，除知遂宁府。言者谓不即行道，夺两官。后二年，复所夺官，除敷文阁待制，移知鼎州。请祠，得提举台州崇道观，除知饶州，不赴，除敷文阁直学士，越明年，除知邛州，命下，未拜而薨。实二十六年七月丁未，享年七十。积官至左朝议郎致仕，迁左朝奉大夫。讣闻，特赠左中奉大夫，累封眉山县开国伯，食邑七百户。

先夫人王氏，故枢密使靓之曾孙、适字子立之女。方先公在秦亭，家留颍昌，遇靖康兵祸，先夫人与七子俱没房中。山独后死，得忍死以奉蒇葬。一女适故工部侍郎刘公观之次子右承事郎安牧。以三十一年十二月己酉葬于眉山县修文乡顺化里。

先君问学，深于六经，盖其说独得于传注之先，奏

◆ 苏符行状碑（局部）

事殿中，非经不言，上深知之。故自郎官七迁至常伯，皆兼赞读翊善之职。经幄论议，倾听称善，进用皆出上意。及去国，上意盖未衰。时宰恝骎其迹半天下，与郡与职，相属也，先公益恬退及。上慨然思先公之言，卒用其所议礼，而先公顾已下世，天下悲之。平居以经学自娱，为门人子弟日讲说，衎衎无倦，经指教者，皆为名士。好施与，不治生产。族葬、婚，必待以具；贫者甚，待以炊，奏补必先宗族。凡五遇郊恩，然后乞官山间，从方士得养生之秘。自守武陵有所遇，即导引不食谷，且得浮丘故址，因自号白鹤翁。晚归蜀，父老皆欢呼前迎。依西山松楸以居，幅巾杖屦，日与田父野僧游。玩易爻象，达死生之变，属纩之际，言如平生。及薨，远近涕泣相吊。承学者，痛微言不复闻，皆哭之恸。有《制诰表章》十卷，《文集》二十卷，呜呼！山忍言之，惟先公出处大节，自为一代史臣所论著，而铭章之托，则将求之天下宜书先公者云。山泣血书。侄婿蜀郡范仲芑书讳。

谒三苏祠诗碑

YE / SAN / SU / CI /SHI / BEI

在我们进入三苏祠时,曾提到了何绍基的"三苏祠"墨迹,这墨迹从何而来呢?就从陈列在碑廊的何绍基《谒三苏祠诗》六通诗碑中。

咸丰三年(1853),何绍基任四川学政使,五月,来眉州巡视乡试,乡试即考秀才,乡试的眉州考棚就设在与三苏祠一墙之隔的一个小院之中,巡视期间,何绍基虔诚地拜谒了三苏祠。他在《谒三苏祠》中写道,自己冒雨来到眉州巡考,有幸住在先贤的祠堂里,祠堂西邻木假山堂,中间隔着一个小土包。竹径旁开设有一道小门,三苏先贤近在尺咫。作为后辈,仰慕圣贤,瞻仰了东坡遗像还诵读三苏碑文,坐看修竹,听潺潺流水,表达了他对先贤的景仰之情。全碑共六通,原清代刻石已严重剥蚀,1987年重刻。

谒三苏祠并跋

登州看云海,岭外借笠屐。春风西湖堤,大雪黄州壁。
坡仙旧游处,一一我留迹。微尚已半生,诗文书竹石。
谁期纱縠行,获近乔木宅。父子共一堂,森然动吾魄。
想见名二子,膝前授书策。不敢诵坡诗,恐被翁诃责。

老泉平生学,精力萃礼书。机权经史论,词笔乃绪余。
或传或不传,有幸不幸欤。譬若汶江源,万象咸包储。
坡颖扬其波,江洋赴归墟。愿告学古人,须识权与舆。

蟆颐老翁井，白云蔽坟庐。瓣香此虔跽，古柏森庭除。

东坡与子由，双凤高其翔。同时富豪俊，几人能雁行。
文章合气节，固为百世望。乃其浩荡怀，得失皆两忘。
巢痕满台阁，春梦落蛮荒。尚友天下士，何处非吾乡。
有田竟不归，投老颍与常。惟余听雨约，魂魄在兹堂。

冒雨来眉州，驻节三苏里。西邻木假山，中隔一垣耳。
开径乃设门，古贤亲尺咫。瞻像且读碑，看竹还听水。
主人能好事，酒行诗阵起。吾军气百倍，偕作竟摩垒。
看遍蜀中山，此乐才有几。鸿爪太匆匆，勉矣邦人士。

眉州试毕，敬谒三苏，祠与试院仅隔一墙，因通门以便瞻憩。扃试时，仍闭之也。廖仁甫直牧、陈恺人大令置酒木假山堂，即事有作。

咸丰癸丑五月，道州何绍基

最后为大家讲解的是碑廊的前世今生。清嘉庆十一年（1806），眉州知州梁敦怀，"以人文蔚起"为由，请求设立眉州考棚，即眉州乡试试院。试院就设在三苏祠旁，即与三苏

◆ 古考棚围墙

祠一墙之隔的碑廊。这在当时应该算是规模较大，环境优雅，人文气息浓厚的地方。保存于三苏祠内的《眉州新建考棚记》碑，在2006年"眉州古考棚"考古调查中被发现，文中记载了嘉庆十年（1805）新建考棚的始末。咸丰三年（1853）五月，四川学政使何绍基专程来眉州视察眉州试院情况，用诗文记录了当时眉州试院考棚的情况和具体地点，"祠与试院仅隔一墙，因通门以便瞻憩。扃试时，仍闭之也。"可见，五十年后，眉州试院依旧是眉州学子踏上科举的通关之地，到了光绪十五年（1889），开设了近百年的眉州试院已破败了许多，眉州知州毛隆恩上任后，先是在试院暂住了几个月，之后开始筹资和募捐，对眉州考棚进行维修，主要是培修和新增了考棚的房屋，加固了围墙等，希望能"科名鼎盛"，眉山能出更多的人才。试院培修完毕之后，毛隆恩作了《眉州考棚试院培修记》一文，并勒石立于考棚内。

新中国成立之后，虽废除了科举考试，但眉州试院的旧址一直都是学校在使用，当时的眉山县城关第一小学校就开设在此，20世纪80年代后改名苏祠中学。70年代，学校的大门仍然沿用清代考棚大门，十分古朴和厚重。2006年，学校搬迁，考棚旧址移交三苏祠博物馆，被辟为三苏祠碑廊，用于陈列有关三苏和眉山历史、祠堂沿革等碑刻。碑廊保存了古考棚在清代至民国年间的围墙，见证了眉州试院的百年历史。

后记

  三苏祠是祭祀三苏的祠堂，千百年来成为人们景仰三苏的圣地，尤其是历代名人对三苏祠的题咏以及修缮，让祠堂保存完好，人文气息浓厚。本人在三苏祠博物馆工作多年，有过上万场次的讲解经历，对三苏祠历史沿革、历史事件以及馆藏文物有较多的了解，所以同时撰写了《名人与三苏祠》和《苏祠漫步——三苏祠导览解说词》两本书，希望让更多的人了解三苏祠的历史，感受三苏祠独特的文化魅力。

  《苏祠漫步——三苏祠导览解说词》分为古祠遗韵、景观意趣、碑廊妙迹三章，详细介绍祠内 16 处古建筑（遗迹），9 处园林景观和有代表性的 12 类（49 通）碑刻。

  因本人学识浅薄，如有不足之处，敬请指正。

  在此，感谢三苏祠博物馆！

  感谢为此书提供资料的同事们！